Liberando Su Visión Espiritual

Cómo Eliminar los Bloqueos
de su Visión Espiritual

por

Dr. Ron M. Horner

Liberando Su Visión Espiritual

Cómo Eliminar los Bloqueos
de su Visión Espiritual

por

Dr. Ron M. Horner

www.CourtsOfHeaven.Net
PO Box (Casilla Postal) 2167
Albemarle, North Carolina (Carolina del Norte) 28002

Liberando Su Visión Espiritual

Cómo Eliminar los Bloqueos de su Visión Espiritual

Copyright (Derechos de autor) © 2021 Dr. Ron M. Horner

Algunas citas del texto Bíblico han sido tomadas de la versión Reina-Valera © 1960 Sociedades Bíblicas en América Latina © renovado 1988 Sociedades Bíblicas Unidas. Utilizado con permiso.

Algunas de las citas bíblicas son tomadas de LA BIBLIA DE LAS AMERICAS. Copyright 1986, 1995, 1997 by The Lockman Foundation Usadas con permiso.

Todos los derechos reservados. Este libro está protegido por las leyes de derechos de autor de los Estados Unidos de América y no puede ser copiado o reimpreso con fines comerciales o de lucro. Se permite y se fomenta el uso de citas cortas o la copia ocasional de páginas para el estudio personal o en grupo. El permiso se concederá previa solicitud. Las solicitudes de descuentos por ventas al por mayor, permisos editoriales u otra información deben dirigirse a

LifeSpring Publishing
PO Box 2167
Albemarle, NC 28002 USA

Copias adicionales disponibles en
www.courtsofheaven.net

ISBN 13 TP: 978-1-953684-15-8
ISBN 13 eBook: 978-1-953684-19-6

Diseño de Portada por Darian Horner Design
(www.darianhorner.com)
Imagen: 123rf.com # 32756196

Primera edición: Marzo 2021

10 9 8 7 6 5 4 3 2 1

Impreso en los Estados Unidos de América

Tabla de Contenido

Agradecimientos i

Prólogo iii

Prefacio v

Capítulo 1 Liberando su visión espiritual 1

Capítulo 2 Abriendo los ojos cegados 15

Capítulo 3 La promesa de visión espiritual 21

Capítulo 4 Obstáculos para la Visión – Parte 1 29

Capítulo 5 Obstáculos para la Visión – Parte 2 37

Capítulo 6 Obstáculos para la Visión – Parte 3 43

Capítulo 7 Obstáculos para la Visión – Parte 4 49

Capítulo 8 Obstáculos para la Visión – Parte 5 55

Capítulo 9 El efecto observador 67

Capítulo 10 Conclusión 77

Apéndice A I

Accediendo a las regiones celestials I

Cortes Mencionadas VII

Tablas de Procesos IX

Obras citadas XLI

Descripción XLIII

Acerca del Autor XLV

Otros libros escritos por el Dr. Ron M. Horner XLVII

Agradecimientos

Natalie Olson y Jennifer Jones fueron los instrumentos que Dios usó para revelar algunos de los conceptos expuestos en este libro. Ahora son muchísimas las personas que están liberando su habilidad de ver en el reino espiritual. Es un viaje emocionante. Gracias, señoras.

Prólogo

Estoy encantado de escribir el prólogo del libro "Liberando su Visión Espiritual", no sólo porque el Dr. Ron Horner ha sido mi amigo y colega durante mucho tiempo, sino también porque creo profundamente en su revelación educativa, así como en el discernimiento interpretativo que comparte con los creyentes de todo el mundo.

La habilidad de los creyentes para operar con su visión espiritual en cada nivel o etapa de su caminar con Dios pueden enriquecerse y fortalecerse cuando aprenden los patrones y prácticas impulsados por la revelación presentada en este libro. Como autor, puedo testificar que el Dr. Horner está a la vanguardia con libros que van desde "Cómo operar en la Corte Celestial de Misericordia", hasta "Anulando los falsos veredictos de la Masonería", y su revelación es bíblicamente sólida. Entre las muchas voces que se escuchan en esta hora, puedo decir que la voz del Dr. Horner es de confiar.

En una parte del libro dice "Mucha gente no se da cuenta de haber hecho un pacto con sus ojos, o que alguno de sus antepasados lo hizo cuando se involucraron en la masonería, y eso está impactando su capacidad de ver en el presente. Pudo haber sucedido dos, tres, cuatro, o cinco generaciones (o más) atrás en su linaje."

¿Cuántas veces se ha preguntado porqué algo no está alineado o simplemente no tiene sentido en su vida espiritual? El libro del Dr. Horner "Liberando su visión spiritual" es una herramienta que le ayudará a dar con la respuesta. Si aplica lo que aquí se enseña, puede traer resultados inmediatos y fruto en la vida del creyente que se siente desafiado, y por consiguiente lo empodera como un "Campeón de la Vida Espiritual".

Atentamente,

Brian L. Johnson

Prefacio

Estaba casi al final de una sesión en las Cortes del Cielo cuando me vino un pensamiento. Las dos damas con las que había trabajado podían ver de forma limitada en el ámbito espiritual, pero sentían que esta habilidad no se había desbloqueado al grado que ellas deseaban. Ambas ya habían tratado con la interferencia de la masonería en su habilidad de ver, pero ninguna había considerado el siguiente paso que estábamos por tomar.

El Espíritu Santo indicó que estábamos viendo un problema de propiedad. Algo en el pasado de ambas había reclamado espiritualmente su capacidad de ver, y esa reclamación había impedido su habilidad de ver durante décadas. ¡Era hora de alcanzar la libertad!

Conforme avanzamos en el proceso, de inmediato les pedí que hicieran la prueba. Mientras que ambas habían visto los titulares de la página, ninguna había podido leer todo el texto – hasta ahora. ¡Ambas pudieron leer el texto de los pergaminos que estaban viendo! ¡Fue instantáneo y liberador!

Durante los siguientes meses, seguí el mismo patrón una y otra vez con resultados similares. Casi todas las personas con quienes trabajé pudieron ver en el reino espiritual. Como creyentes, necesitamos ser capaces de visualizar el reino del Cielo para poder cooperar con las instrucciones que recibimos procedentes de él. Es una parte vital de nuestro caminar.

A medida que fuimos comprendiendo mejor, encontramos unas cuantas claves adicionales para ayudar a desbloquear el desequilibrio de los individuos quienes no habían tenido éxito con las claves iniciales. La tasa de éxito ha aumentado. Creemos que a medida que trabaje con este libro, su habilidad de ver y percibir se desbloqueará completamente. Que pueda decir libremente, *"¡Bienaventurados los puros de corazón porque ellos verán a Dios!"* (Mateo 5:8)

Cuando se ministra a las personas, sin importar de qué parte del planeta sean, encontramos que la mayoría sufre los mismos problemas. Una de las situaciones predominantes con las que trabajo es la inhabilidad de las personas para ver en el reino espiritual o de escuchar la voz de Dios. A medida que hemos continuado ayudando a las personas a trabajar en las Cortes del Cielo, hemos encontrado algunas claves útiles.

Como resultado, hemos tenido un gran éxito en ayudar a las personas a ser capaces de ver espiritualmente. En muchos casos, sucede de forma instantánea. No es raro ver que se resuelven los bloqueos en pocos minutos. Le pido a la persona que cierre los ojos y me diga lo que ve o siente. Invariablemente comenzará a describir (normalmente en detalle) lo que observa en el Cielo. A medida que la guío a describir lo que está viendo y cómo observar con mayor intensidad, ni siquiera se da cuenta de que ¡ESTÁ viendo!

Una señora vio un río, así que la invité a saltar en él con Jesús, quien estaba a su lado. Me comentó que no sabía nadar, pero la animé diciéndole que las reglas en el cielo son muy diferentes a las de la tierra. Saltó y se dio cuenta de que podía respirar bajo el agua. ¡No tenía miedo!

Le pregunté si había visto un pez y su comentario fue: "¡Sí, nunca había visto un pez rosado!" Dios tiene una variedad infinita en los reinos del Cielo.

Jesús reveló un secreto cuando nos dijo que debíamos ser como niños para entrar al Reino de los Cielos.

Os aseguro que quien no reciba el reino de Dios como un niño pequeño no entrará en él. (Marcos 10:15)

Mientras lee este libro, le permito dejar de ser una persona adulta por un tiempo. Permita que el Espíritu Santo libere su capacidad de ver en el reino espiritual. ¡Está disponible, y usted PUEDE hacerlo! ¡Puede ver! ¡No es sólo para otras personas! Puede que no todos seamos "videntes", ¡pero todos podemos "ver"!

Nota del autor

Los diagramas de proceso han sido creados a partir de muchos de los pasos descritos en el libro. Estos diagramas se encuentran en el apéndice.

Capítulo 1
Liberando su visión espiritual

¿Tiene problemas para ver u oír en el reino espiritual? Si es así, tengo algunas soluciones para usted, una de las cuales hemos descubierto recientemente, con excelentes resultados, y que le ayudará a desbloquear su visión u oído espiritual.

La conexión con la masonería

He descubierto que en el 90% de las veces en que alguien me dice que tiene problemas para ver u oír en el espíritu, tiene una conexión directa con el juramento de la masonería, que fue hecho por ellos o por uno de sus antepasados.

En uno de los libros que escribí, llamado *Anulando los Falsos Veredictos de la Masonería*, señalo que una de las primeras cosas que se hace al convertirse en masón es hacer el voto de quedar espiritualmente ciego. No lo llaman así, por supuesto, pero al permitir que le tapen los ojos con la venda llamada "capucha ciega" (*hoodwink*) en esencia se está haciendo un juramento de volverse espiritualmente ciego y de ser capaz de ver sólo la oscuridad que ellos presentan como verdad. Se cambia la luz por la oscuridad, pensando que la oscuridad es luz.

Muchas personas no se dan cuenta de que hicieron ese pacto con sus ojos, o que sus antepasados lo hicieron, cuando se involucraron en la masonería y está afectando su capacidad de ver en el presente. Puede que hayan pasado dos, tres, cuatro, cinco generaciones (o más) atrás en su linaje.

Una consecuencia de los juramentos de la masonería es que atan a la persona, a su familia inmediata y a TODAS las generaciones futuras a dioses demoníacos de la masonería. Sin importar si conoce a algún masón en su linaje, los juramentos que alguno de nuestros ancestros hizo con uno o varios dioses demoníacos pueden aún estar impactando en nuestra vida.

Un amigo, de ascendencia mexicana, no tiene masonería en su linaje. Sin embargo, cada vez que repasa mi libro sobre la masonería, obtiene más y más liberación. En su línea generacional, los ancestros hicieron juramentos y pactos con algunas de las mismas entidades demoníacas. Si es de ascendencia europea, la probabilidad de que tenga masonería en su linaje es muy fuerte. Si tuvo ancestros que fueron esclavos, es muy probable que los dueños de sus ancestros fueran masones también.

La masonería ha tratado de contagiarnos a todos de alguna manera. Por ejemplo, si alguna vez ha comido en un restaurante de Estados Unidos llamado Shriner's Fish Fry, Satanás lo considera una concesión a la masonería y lo ata espiritualmente a la masonería y su maldad.

Algunas personas dicen, "Pues yo no puedo ser afectado por lo que hizo mi abuelo". Pero en realidad no es así. Heredamos las características genéticas y físicas que nuestros abuelos tenían, y que nuestros padres tenían. Entonces, ¿por qué no puede ser así en el espíritu?

En el reino espiritual, tenemos muchas características heredadas de las cuales no somos personalmente responsables. En el Salmo 7, David pide la justicia a Dios. Se dio cuenta de que estaba tratando con un juicio falso contra su vida pero que no era él quien originalmente lo había causado. Uno de sus antepasados tenía ese falso juicio, y le estaba causando problemas en su situación actual. A veces eso es lo que sucede en nuestra situación.

Gravámenes espirituales

El segundo descubrimiento que tuvimos para ayudar a desbloquear la visión espiritual implica el concepto de gravámenes espirituales. Eliminar los gravámenes de nuestra visión espiritual es un entendimiento muy nuevo al que llegamos recientemente. Cada vez que lo hacemos, hemos visto resultados dramáticos. Personas que no habían sido capaces de ver con claridad, o incluso no podían ver en absoluto, ahora pueden hacerlo.

Estoy emocionado de traerles esta palabra porque será de gran ayuda para que, tanto usted como algunos de sus amigos y familiares, sean capaces de ver en el reino espiritual.

Nos ocupamos de esto en la corte celestial conocida como la Corte de Títulos y Escrituras. En esta corte, encontramos que las personas tienen títulos falsos que actúan contra su vida, o gravámenes, notas falsas e incluso falsos acuerdos de arrendamiento contra su vida.

En el Salmo 24:1 dice,

De Jehová es la tierra y su plenitud; el mundo, y los que en él habitan.

Usted y yo somos propiedad del Señor de los Ejércitos. Sin embargo, el enemigo es consciente de que la mayoría de los creyentes no entienden este concepto, por lo que trata de usar su poder para obtener títulos falsos o gravámenes contra nosotros.

A veces son otras personas las que provocan ese mismo tipo de problemas en nuestro camino; particularmente si son influyentes en nuestra vida (padres, abuelos, hermanos, pastores, maestros, etc.). Uno de los ámbitos donde ellos nos influyen es en nuestra visión espiritual.

Recientemente, estuve trabajando en una sesión con unas damas. A una de ellas, cuando era más joven, le dijeron, "Oh, tú no podrás oír, o ver en el espíritu."

Debido a que la persona que hablaba era una autoridad influyente en su vida (su abuela), estas palabras tuvieron un gran impacto, más de lo que ella hubiera imaginado. Después descubrió que tenía problemas para ver o escuchar en el espíritu.

Accedimos a la Corte de Títulos y Escrituras y encontramos que tenía un gravamen contra su visión espiritual. Este gravamen esencialmente bloqueaba su visión espiritual. Conseguimos que ese gravamen fuera liberado y satisfecho por la sangre de Jesús, e inmediatamente, su visión mejoró de manera drástica. Donde sólo había podido ver imágenes borrosas, fue capaz de leer las palabras y documentos que veía en el reino espiritual.

Con esta dama, fue su abuela quien le dijo: "Oh, no podrás ver", así que posteriormente, tuvo problemas para ver. Cuando entramos en la Corte de Títulos y Escrituras, hicimos la pregunta, "¿Hay algún gravamen espiritual contra su visión?" Luego de hacer la pregunta, inmediatamente obtuvimos la respuesta, "¡Sí!" La mujer rápidamente supo quién era la persona responsable del gravamen espiritual. Ella recordó el evento donde esto había ocurrido en su pasado, así que perdonamos a su abuela por lo que había dicho, la bendijimos y la liberamos. En Juan 20:23, Jesús nos dijo *"A quienes remitiereis los pecados, les son remitidos; y a quienes se los retuviereis, les son retenidos."* Elegiré perdonar a alguien, en lugar de retener su pecado, porque quiero que mis pecados sean perdonados también.

Déjeme primero explicarle lo que es un gravamen. Si usted fuera el propietario de una casa y contratara a un tejero para reparar su techo, pero al terminar el trabajo usted se niega a pagarle, él tendría derecho a obtener un gravamen de mecánico (o de obrero) contra su propiedad. Eso significa que si usted intenta vender su casa, se le exigirá que satisfaga esa deuda antes de venderla. En algunas ocasiones, el enemigo ha seducido a las personas a poner embargos espirituales sobre nosotros, lo cual retrasa nuestro progreso. Ahora, continuemos.

Cielos abiertos

En el capítulo 10 de Juan, Jesús dijo: *"Mis ovejas conocen mi voz y me siguen"*. No podemos seguir a Jesús sin conocer su voz. Si podemos escucharlo, también deberíamos ser capaces de verlo.

En Mateo 3:16, cuando Jesús sale del agua, en seguida los cielos se abrieron, oyeron una voz, y vieron una paloma. Cuando los cielos se abren sobre su vida, los velos que impedían su visión y su oído espiritual deben ser quitados; el ver y el oír deben desbloquearse para usted.

Algo que ocurre al tener un bloqueo sobre la visión espiritual, o cuando otra persona pone un gravamen espiritual sobre la vista o el oído, es como si a esa persona le pusieran un manto, o una cubierta de lona por encima, y la cubrieran para que no pueda ver a través de esa cubierta.

Imagínese que está sentado en su sala, y alguien lo cubre con un gran manto o cubierta de lona. Usted no es capaz de ver a través de esa tela gruesa, por lo que no puede ver el mundo que lo rodea. Eso mismo pasa en el ámbito espiritual, eso nos sucede cuando tenemos un gravamen en nuestra contra. Lo más probable es que haya una lona espiritual que estorba nuestra visión u oído del espíritu, y esto evita que percibamos ese ámbito espiritual con claridad.

Ahora, regresando a la historia de la joven dama, esto es lo que hicimos:

- Perdonamos a su abuela,
- La bendijimos, y
- La liberamos.
- Pedimos que el gravamen contra su vista y su oído espirituales fuera marcado como satisfecho por la Sangre de Jesús. Y finalmente,
- Pedimos que se quitara la cubierta o velo de su vida para que pudiera ver y oír en el reino espiritual.

Una vez que lo hicimos, sentimos una liberación en nuestro espíritu. El Juez había concedido nuestra petición. Entonces le pedí a la joven que lo comprobara; "veamos algo que antes no habías podido ver"

Teníamos unos momentos antes de completar un caso judicial para otra persona, y ella era una de las asistentes en ese caso. Había tenido un poco de dificultad para ver algunos de los asuntos que estábamos investigando, así que volvimos a ese mismo tema, y pudo ver lo que antes no le había sido posible.

La otra dama con quien trabajábamos en aquella sesión también tenía un embargo contra su visión espiritual. Fue provocado por otro individuo de su pasado, y cuando hicimos la pregunta, "¿Hay algún embargo contra su visión espiritual?" Inmediatamente ella tuvo una imagen de un evento que había ocurrido muchos años antes de que se cerrara su visión. Esta situación también involucraba a alguien en una posición de autoridad, que había dicho algo que colocó un gravamen sobre esta mujer.

Al igual que en el caso anterior, escogimos perdonar a la persona por lo que dijo y por crear un gravamen contra su vida. Bendijimos a esa persona, la liberamos de la esclavitud que el pecado había impuesto a su vida. Pedimos que el gravamen fuera satisfecho por la Sangre de Jesús y que el velo fuera quitado.

De nuevo, sentimos una sensación de liberación en nuestro espíritu, y decidimos comprobar si todo estaba resuelto. Volvimos al mismo lugar en el que habíamos estado en nuestro caso judicial, donde leíamos un historial médico relativo a una persona, e inmediatamente ella pudo leer con claridad lo que sólo podía ver en pequeños segmentos sólo unos minutos antes.

Hemos visto este concepto funcionar una y otra vez, a menudo con resultados dramáticos e inmediatos. Creemos que lo mismo puede sucederle a usted.

Cuando se suprime la visión espiritual

La tercera razón por la que encuentro que las personas tienen problemas para ver u oír es que vieron algo en el reino espiritual que los asustó. Quizás eran muy jóvenes cuando eso les sucedió, y debido a ese miedo, eligieron reprimir su capacidad de ver o escuchar. Pudieron haber dicho algo como, "No quiero ver nada más, ¡eso fue demasiado aterrador para mí!" Cada vez que cooperamos con el miedo podemos bloquearnos espiritualmente.

Como resultado, la capacidad de la persona para ver en el espíritu (o incluso de usar su imaginación) se ha suprimido, o al menos se ha reducido seriamente. El Dr. Mark Virkler, fundador de la Universidad de Liderazgo Cristiano y los Ministerios de Comunión con Dios, enseña que podemos cambiar las imágenes mentales simplemente invitando a Jesús a entrar en ellas. Trabajando a través de las imágenes, el trauma puede ser liberado, y las emociones pueden sanar. (Tolman, 2017, p. 114)

Siguiendo esa idea, pedimos que la persona recuerde la última vez que pudo ver en el espíritu, y le pedimos imaginar o visualizar particularmente la situación en la que se suprimió su capacidad de ver. Una vez que lo ve en su imaginación, le pedimos que invite a Jesús a la escena con él o ella. Cuando Jesús aparece, el miedo que habían estado experimentando simplemente se disipa - ¡se ha ido!

Luego los guiamos a arrepentirse por haberse negado a ver, y a perdonar a cualquier persona que haya sido partícipe de ese evento. Hacemos que bendigan a la persona (o personas) y la libere. Seguidamente le pedimos al Juez Justo que restaure su capacidad de ver en el mundo espiritual.

Una vez que este proceso se completa, le pedimos a la persona que nos diga lo que está viendo en el mundo espiritual. Le pido que nos dé un recorrido de dónde está y lo que está observando. Invariablemente, comienza a describir en detalle los colores, escenas e incluso los sonidos de lo que está visualizando. A menudo ni siquiera se da cuenta de estar viendo nuevamente hasta que se lo indicamos.

Pasos para Desbloquear la Visión Espiritual

- Recuerde la última vez que pudo ver con claridad
- Invite a Jesús a entrar en la escena
- Permita que el miedo se disipe
- Arrepiéntase por haber suprimido su imaginación
- Perdone a todo aquel que haya sido partícipe de esto
- Bendígalos.

- Libérelos.
- Pídale al Juez Justo que restaure su visión
- Practique ver

Hemos descubierto algunas otras causas a lo largo del camino, pero las que se presentan hasta ahora son las predominantes. A medida que realice los ejercicios, inmediatamente ponga a prueba su capacidad de ver. Debemos comprender que parte de nuestra visión es cuestión de mayordomía, lo que significa que mientras administramos bien lo poco que vemos, recibiremos más.

Jesús dijo esto sobre la capacidad de oír:

"Entonces les dijo: "Tened cuidado con lo que oís. Con la misma medida con que medís, os será medido; y a vosotros que oís, se os dará más. Porque al que tiene, se le dará más; pero al que no tiene, aun lo que tiene se le quitará". (Marcos 4:24-25)

Yo creo que el mismo principio se aplica a la visión.

Si todo lo que vemos son algunas luces dispersas en un lugar oscuro, debemos concentrarnos en las luces. Aquello en lo que nos enfoquemos se volverá más claro y más grande.

El profeta Ezequiel tenía una práctica de la cual podemos aprender el día de hoy. Él escogía ver, y luego observaba atentamente. Decía, *"Miré,[1] y he aquí[2]..."* Eso significa que al ver algo en el espíritu, lo veía, luego lo contemplaba con atención. La palabra "ver" significa mirar, contemplar, percibir (una visión). Debido a que Ezequiel escogía ver con atención, se volvía hábil en su visión espiritual.

¡Cuando escojo observar con atención estoy siendo empoderado para ver!

Si observamos bien, vemos que al leer el libro de Ezequiel, él fue capaz de abordar la misma visión una y otra vez. Cada vez que iba al valle del río Quebar, tenía una visión. Cada vez que entraba en la visión, veía algo nuevo, algo que no había notado antes. Es como si fuera a visitar su casa y en la primera visita, notaría algunas cosas, pero en mi siguiente visita, notaría cosas que no fueron aparentes para mí antes. Ezequiel nos muestra que podemos volver a visitar una visión.

Job se refiere a los sueños como visiones nocturnas,[3] y creo (esta ha sido mi experiencia) que podemos volver a visitar los sueños o visiones según sea necesario para obtener el mensaje completo en ellos. Todos hemos tenido sueños que olvidamos rápidamente al despertar, o sabíamos que Dios estaba hablando, pero nos perdimos algunos detalles. Podemos volver a esa visión o sueño y

---

[1] Strong H7200
[2] Strong H2009
[3] Job 33:15

pedirle que nos muestre qué más necesitamos ver. La perspectiva de volver a visitar los sueños o visiones ha sido una herramienta útil para maximizar el mensaje que Dios nos quiere dar.

Capítulo 2
Abriendo los ojos cegados

Cuando se ministra a las personas, sin importar de qué parte del planeta sean, la mayoría sufre de los mismos problemas. Una de las situaciones predominantes con las que trato es la incapacidad que tienen para ver en el reino espiritual o para escuchar la voz de Dios. A medida en que hemos ayudado a las personas a trabajar en las Cortes del Cielo, hemos encontrado algunas claves útiles.

Como resultado, hemos tenido un gran éxito en ayudarles a ser capaces de ver espiritualmente. En muchos casos, sucede instantáneamente. No es raro que, al trabajar en sus situaciones particulares, le pida a la persona que cierre los ojos y me diga lo que está viendo o sintiendo. Invariablemente comenzará a describir (normalmente en detalle) lo que ven en el Cielo. A medida que los dirijo a observar con mayor atención lo que están viendo, ¡ni siquiera se dan cuenta de que ESTÁN viendo!

Una señora vio un río, así que la invité a saltar en él con Jesús, quien estaba a su lado. Me comentó que no sabía nadar, pero la animé diciéndole que las reglas en el cielo son muy diferentes a las de la tierra. Saltó y se dio cuenta de que podía respirar bajo el agua. ¡No tenía miedo!

Le pregunté si había visto un pez y su comentario fue: "¡Sí, nunca había visto un pez rosado!" Dios tiene una variedad infinita en los reinos del Cielo.

Jesús reveló un secreto cuando nos dijo que debíamos ser como niños para entrar al Reino de los Cielos.

Os aseguro que quien no reciba el reino de Dios como un niño pequeño no entrará en él. (Marcos 10:15)

Mientras lee este libro, le permito dejar de ser una persona adulta por un tiempo. Permita que el Espíritu Santo libere su capacidad de ver en el reino espiritual. ¡Está disponible, y usted PUEDE hacerlo! ¡Puede ver! ¡No es sólo para otras personas! Puede que no todos seamos "videntes", ¡pero todos podemos "ver"!

El cuerpo de Cristo es culpable por descartar cualquier tema que haya sido secuestrado por otros. El entendimiento de cómo funciona la visión espiritual es una de esas cosas robadas. Debemos comprender que nunca se copia algo que no tiene valor. Nuestra responsabilidad es aprender a usarlo correctamente.

Obtendremos el beneficio de todo lo que honremos

Si honro la habilidad de ver, seré capacitado para hacerlo. Si honro las visiones, los sueños, etc., se me permitirá experimentarlos.

Pablo nos dice que "tenemos la mente de Cristo",[4] y si tenemos la mente de Cristo, entonces tenemos acceso a sus pensamientos, a su forma de pensar y a su manera de hacer las cosas, porque estamos en Él. No estamos separados de Él. Nos hacemos uno con Él.

Pero el que se une al Señor, un espíritu es con él. (1 Corintios 6:17)

La ilustración utilizada en ese pasaje es de marido y mujer en la intimidad del otro, son una sola carne. Somos un espíritu con Jesucristo. Estamos fusionados en uno solo.

Algunos de nosotros hemos tenido miedo de ver algún demonio o algo parecido, en lugar de ver el Reino de los Cielos. Sin embargo, tenemos una promesa:

*[7] "Pide, y el regalo es tuyo. **Busca**, y hallarás. Llama, y la puerta se abrirá para ti. [8] Porque cada uno persistente obtendrá lo que pide. Cada buscador persistente descubrirá lo que anhela. Y*

---

[4] 1 Corintios 2:16

todo aquel que llame persistentemente encontrará un día una puerta abierta.

⁹ *"¿Conoces a algún padre que le daría a su hijo hambriento, que pidió comida, un plato de piedras en su lugar?* ¹⁰ *O cuando le piden un trozo de pescado, ¿qué padre le ofrecería a su hijo una serpiente en su lugar?* ¹¹ *Si tú, siendo imperfecto, sabes cómo cuidar amorosamente de tus hijos y darles lo mejor, **¿cuánto mejor está dispuesto tu Padre celestial a dar maravillosos regalos a los que se los pidan?**" (Mateo 7:7-11, traducción TPT) [Énfasis mío]*

No le estoy hablando a los demonios, a ellos no los invité a la fiesta. Se lo pido a mi Padre celestial que tiene cosas buenas para mí y quiere que conozca su voluntad. Estoy llamando al Cielo, no al infierno, y me niego a ser aterrorizado por invitados no deseados. ¡Usted también puede hacerlo! ¡Rechace todo lo que no sea la verdad!

A veces las personas me dicen que todo lo que ven es oscuridad. Y sin embargo, se nos olvida que Dios creó la oscuridad. Fue parte del trabajo creativo que Él llamó bueno. Si todo lo que está viendo es oscuridad, mire un poco más profundo. Enfoque su mirada un poco más, y concéntrese en la luz que sí ve. Poco a poco verá que aumenta. De hecho, no hay que temerle a la oscuridad, pero muy a menudo estamos demasiado enfocados en ella y no nos enfocamos lo suficiente en la luz.

Si no somos capaces de ver en el espíritu, averigüemos la razón legal por la que la visión está bloqueada. Típicamente, recae en unas pocas y simples categorías. Ya hemos hablado de algunas de ellas, pero aquí hay una lista más larga:

- Pactos con Masonería
- Pactos o juramentos que nosotros hicimos para no ver
- Reclamaciones de propiedad sobre nuestra vista
- Falsas creencias sobre la visión y la imaginación

La premisa básica del paradigma de las Cortes del Cielo puede resumirse de esta manera:

Si nuestra oración no es respondida, podemos encontrar la razón del por qué.

Cuando se resuelven exitosamente los obstáculos legales que impiden la respuesta a nuestras oraciones, ¡las respuestas llegarán con prontitud!

Es lo mismo cuando se trata de la capacidad de ver. Necesitamos descubrir el obstáculo (u obstáculos) legales, para que la respuesta pueda llegar.

Cuando estoy ministrando liberación, busco descubrir la razón legal por la que el demonio entró en la vida de una persona. Una vez que se descubre y se resuelve, generalmente a través del arrepentimiento y/o el perdón, no tengo que expulsar al demonio. Sencillamente, no tiene ningún derecho legal para quedarse y debe desalojar el lugar. La liberación es mucho más fácil en las Cortes del Cielo. ¡Hurra! ¡No más gritos a los demonios! No más maratones de medianoche tratando de liberar a alguien de algo que se resiste a abandonar al individuo, porque él nunca se ocupó del "por qué" original que le dio acceso al demonio a su vida.

Mi amiga, que trabaja con personas afectadas con SRA[5] y DID[6] ha encontrado que las Cortes del Cielo ¡son una "intercesión con esteroides"! Ella ha tenido mucho más éxito y logros con mayor facilidad a través de las Cortes del Cielo.

Muchas veces, intentamos eliminar algo que aún tiene el derecho legal para estar presente en nosotros. Sería como si alguien tratara de desalojar a un residente de una propiedad, pero él tiene el derecho legal de ocuparla. Si está tratando de resolver algo, averigüe el "por qué", luego enfréntelo y supere el obstáculo, el cual puede obstaculizar su camino espiritual. Continuemos.

---

[5] SRA: *Satanic Ritual Abuse,* o Abuso por ritos satánicos por sus siglas en inglés.
[6] DID: *Dissociative identity disorder,* o Trastorno de identidad disociosativo por sus siglas en inglés.

Capítulo 3

La promesa de visión espiritual

Para saber lo que la Palabra de Dios dice sobre un tema, siempre nos ayuda alinear nuestro corazón con el deseo de Dios y luego buscar cómo podemos alcanzar ese deseo. Si no estamos seguros de la voluntad de Dios en cuanto a la visión espiritual, tendremos dificultad para enfocar nuestra fe hacia nuestra sanidad. Es poco probable que podamos alcanzar aquello en lo que no tenemos fe.

La Palabra de Dios
acerca de la Visión Espiritual

15 Por esta causa también yo, habiendo oído de vuestra fe en el Señor Jesús, y de vuestro amor para con todos los santos,16 no ceso de dar gracias por vosotros, haciendo memoria de vosotros en mis oraciones, 17 para que el Dios de nuestro Señor Jesucristo, el Padre de gloria, os dé espíritu de sabiduría y de revelación en el conocimiento de él, [18] **alumbrando los ojos de vuestro entendimiento, <u>para que sepáis</u> cuál es la esperanza a que él os ha llamado, y cuáles las riquezas de la gloria de su herencia en los santos,** [19] *y cuál la supereminente grandeza de su poder para con nosotros los que creemos, según la operación del poder de su fuerza,* [20] *la cual operó en Cristo, resucitándole de los muertos y sentándole a su diestra en los lugares celestiales,* [21] *sobre todo principado y autoridad y poder y señorío, y sobre todo nombre que se nombra, no sólo en este siglo, sino también en el venidero;* [22] *y sometió todas las cosas bajo sus pies, y lo dio por cabeza sobre todas las cosas a la iglesia,* [23] *la cual es su cuerpo, la plenitud de Aquel que todo lo llena en todo. (Efesios 1:15-23) [Énfasis mío]*

¡El propósito por el cual se nos alumbran los ojos es para que sepamos!

Al traducir al español la versión de The Passion Translation (TPT) dice así:

[15] *Por eso, desde que oí hablar por primera vez de su fuerte fe en el Señor Jesucristo y de su tierno amor hacia todos sus devotos,* [16] *mi corazón está siempre lleno y desbordante de agradecimiento a Dios por ustedes, ya que los recuerdo constantemente en mis oraciones.* [17] *Ruego que el Padre de la gloria, el Dios de nuestro Señor*

Jesucristo, os imparta las riquezas del Espíritu de sabiduría y del Espíritu de revelación para conocerlo a través de su profunda intimidad con él. ⁱ⁸ **Ruego que la luz de Dios ilumine los ojos de su imaginación,** <u>inundándoles de luz, hasta que experimenten la plena revelación</u> *de la esperanza de su llamada, es decir, la riqueza de las herencias gloriosas de Dios que encuentra en nosotros, sus santos. ¹⁹ Ruego que experimenten continuamente la inconmensurable grandeza del poder de Dios puesto a su disposición a través de la fe. Entonces sus vidas serán un anuncio de este inmenso poder que actúa a través de ustedes. ¡Este es el enorme poder ²⁰ que fue liberado cuando Dios levantó a Cristo de la muerte y lo exaltó al lugar de mayor honor y suprema autoridad en el reino celestial! ²¹ ¡Y ahora es exaltado como el primero por encima de todo gobernante, autoridad, gobierno y esfera de poder en existencia! Él está gloriosamente entronizado sobre todo nombre que sea alabado, no sólo en esta era sino en la que se avecina. ²² Y sólo él es el líder y la fuente de todo lo que se necesita en la iglesia. Dios ha puesto todo bajo la autoridad de Jesucristo y le ha dado el más alto rango sobre todos los demás. ²³ Y ahora nosotros, su iglesia, somos su cuerpo en la tierra y lo que llena al que está siendo llenado por ella. (Efesios 1:18-23, TPT) [Énfasis mío]*

Definitivamente, su imaginación está involucrada (ver versículo 18). Es la forma de pintar el cuadro de lo que se revela a nuestro espíritu.

Si yo les pidiera que describan su cocina, la mayoría de ustedes podría hacerlo. Saben en qué armario están los vasos, los platos y los tazones. Saben en qué cajón están los utensilios y su ubicación dentro del cajón. Con todas estas cosas, fácilmente pueden crear un cuadro en su imaginación y de esa manera pueden darme la descripción de su cocina. Puede incluso describir el color de la pared, el patrón del piso, etc. ¿Por qué? Porque usted posee memoria e imaginación.

Pero, ¿cómo distingo si estoy recordando algo? Sin lugar a dudas, todos tenemos recuerdos guardados, pues no siempre hemos vivido en la tierra. Existimos junto a Dios antes de nacer, y existiremos con Él después de abandonar este lugar. ¡Nosotros ya vimos el Cielo! Esta es la razón por la que no es tan difícil describir la belleza que hay en el Cielo. Ya tenemos un punto de referencia anterior. ¡Dios previó que así fuera![7]

> *Donde no hay visión el pueblo se desenfrena, pero bienaventurado es el que guarda la ley. (Proverbios 29:18, LBLA)*

Una visión es algo que se ha visto. Las visiones suceden típicamente con nuestros ojos espirituales, no con los ojos naturales.

> *[16] Mas esto es lo dicho por el profeta Joel:*
>
> *[17] Y en los postreros días, dice Dios,*
> *Derramaré de mi Espíritu sobre toda carne,*
> *Y vuestros hijos y vuestras hijas profetizarán;*

---

[7] Proverbios 8:22-31

> *Vuestros jóvenes **verán visiones**,*
> *Y vuestros ancianos soñarán sueños;*
> *(Hechos 2:16-17) [Énfasis mío]*

> *²⁵ Yo sé que mi Redentor vive, y al fin se levantará sobre el polvo; ²⁶ y después de deshecha esta mi piel, en mi carne **he de ver a Dios** ²⁷ **al cual veré por mí mismo, y mis ojos lo verán**, y no otro, aunque mi corazón desfallece dentro de mí. (Job 19:25-27) [Énfasis mío]*

Job entendía que él tendría la experiencia personal de ver a Dios cuando aún estuviera en la tierra.

> *Gustad, **y ved** que es bueno Jehová; dichoso el hombre que confía en él. (Salmos 34:8) [Énfasis mío]*

> *Porque contigo está el manantial de la vida; En tu luz **veremos la luz**. (Salmos 36:9) [Énfasis mío]*

> *Dios, Dios mío eres tú; de madrugada te buscaré; mi alma tiene sed de ti, mi carne te anhela, en tierra seca y árida donde no hay aguas, para **ver tu poder y tu gloria**, así como te he mirado en el santuario. (Salmos 63:1-2) [Énfasis mío]*

> *Los cielos anunciaron su justicia, y todos los pueblos **vieron su gloria**. (Salmos 97:6) [Énfasis mío]*

> *Bienaventurados los de limpio corazón, porque **ellos verán a Dios**. (Mateo 5:8) [Énfasis mío]*

Tenemos esta promesa de Jesús, y como Él es el que purifica nuestros corazones, somos calificados para ver a Dios. La religión puede decirnos que no es posible ver a Dios, pero Jesús dijo que sí lo podemos hacer. Yo elijo creer lo que dijo Jesús. ¿Y qué hay de usted?

> **Pero bienaventurados vuestros ojos, porque ven**; *y vuestros oídos, porque oyen. Porque de cierto os digo, que muchos profetas y justos desearon ver lo que veis, y no lo vieron; y oír lo que oís, y no lo oyeron. (Mateo 13:16-17) [Énfasis mío]*

Jesús habló esta promesa a sus discípulos. Tome nota de que incluía ver Y escuchar. ¡Reclamemos esa promesa!

> *Y él dijo: A vos***otros os es dado conocer los misterios del reino de Dios**; *pero a los otros por parábolas, para que viendo no vean, y oyendo no entiendan. (Lucas 8:10) [Énfasis mío]*

Para entender los misterios necesitamos entendimiento espiritual. La visión espiritual es un componente fundamental para conocer los misterios. Es parte esencial del equipamiento.

> *Respondió Jesús y le dijo: De cierto, de cierto te digo, que el que no naciere de nuevo, no puede ver el reino de Dios. (Juan 3:3) [Énfasis mío]*

¡Necesitamos "ver" el Reino de Dios! No sólo leer acerca de él. Nuestra experiencia con las esferas celestiales deben ser personales.

> *Ahora **vemos por espejo**, oscuramente; mas entonces veremos cara a cara. Ahora conozco en*

parte; pero entonces conoceré como fui conocido. (1 Corintios 13:12) [Énfasis mío]

¡Mientras mayor sea nuestro nivel de amor, mayor será nuestra habilidad de ver!

Eso no excluye el hecho de que sólo porque alguien pueda ver en el reino espiritual tiene que estar lleno de amor. He conocido excepciones a esta regla. Muchos que ven bien tienen una fijación con el juicio y la idea de que Dios está enfadado con nosotros.

La primera respuesta de Dios nunca es el juicio –¡es el amor!

---

*"y de **aclarar a todos cuál sea la dispensación del misterio** escondido desde los siglos en Dios, que creó todas las cosas; **para que la multiforme sabiduría de Dios sea ahora dada a conocer por medio de la iglesia** a los principados y potestades en los lugares celestiales, conforme al propósito eterno que hizo en Cristo Jesús nuestro Señor, en quien tenemos seguridad y acceso con confianza por medio de la fe en él; (Efesios 3:9-12) [Énfasis mío]*

Para lograr esto, debemos ser capaces de ver. Dios desea que conozcamos su voluntad, y la visión espiritual nos lo facilita.

Capítulo 4

Obstáculos para la Visión – Parte 1

Acusaciones y Falsos Veredictos

Encuentro que en mi trabajo, en sesiones de abogacía en las Cortes del Cielo con clientes de todo el mundo, los temas son muy similares en todas partes. Aunque algunos países tienen situaciones únicas, los problemas básicos a los que se enfrentan las personas son universales. Uno de los temas comunes implica la capacidad de ver en el reino espiritual. Algunos no pueden ver en absoluto, mientras que otros ven, pero con dificultad. Conforme fuimos buscando soluciones a este problema, descubrimos algunos principios que le serán útiles y le ayudarán a experimentar una visión espiritual muy clara.

Aunque el oído espiritual también es vital, nos centraremos en la vista celestial en este libro. Los principios revelados se aplicarán también a la visión espiritual. El Dr. Mark Virkler, fundador de Comunión con Dios con sede en Nueva York (www.cwgministries.org) tiene excelentes recursos para desarrollar el oído espiritual, lo que él llama *Las cuatro claves para oír la voz de Dios.*

A menudo, nos encontramos espiritualmente ciegos, pero no entendemos por qué. Cuando empecé a buscar la razón, encontré algunos problemas comunes. Primero, haré una lista de lo más común, y luego desarrollaré los temas uno por uno para poder llegar a un lugar de libertad con respecto a su visión espiritual. Que su testimonio sea como el hombre ciego de nacimiento, a quien Jesús sanó:

Una cosa sé: que aunque era ciego, ahora veo". (Juan 9:25)

A este hombre no le importaba la politización a su alrededor. ¡Se alegraba de poder ver!

Ahora, comencemos a tratar algunos de los obstáculos para nuestra visión espiritual.

Acusaciones

La necesidad de lidiar con las acusaciones en nuestra contra no termina con la Corte de Misericordia. Las acusaciones contra nuestra vista deben ser desmanteladas en todos los ámbitos. El propósito de una acusación es desviarnos de nuestro destino. Si no logra ver espiritualmente, puede que la acusación en su contra es que nunca será capaz de ver; si esa acusación se acepta y no se anula, usted no podrá cumplir con su destino a cabalidad.

Ejemplos de acusaciones

- ¡No tienes derecho a ver!
- Eres demasiado joven para ver ángeles.
- No eres lo suficientemente espiritual para ver.
- ¡Si haces eso, empezarás a ver demonios y basura!

Siga el proceso de los cuatro pasos que propongo para que las acusaciones se anulen de su vida para que pueda seguir adelante.

Los cuatro pasos

1. Ponerse de acuerdo con el adversario (Mateo 5:25-26)
2. Confesarlo como un pecado (1 Juan 1:9)
3. Arrepentirse (Proverbios 28:13)
4. Aplicar la sangre de Jesús (1 Juan 1:7)

Estos simples pasos han ayudado a muchas personas a liberarse del poder que las acusaciones tenían contra sus vidas, sin importar cuáles eran.

En algunos casos, familias enteras están bajo la presión de acusaciones que impiden que toda la familia experimente lo mejor de Dios para sus vidas en lo que respecta a su salud. En esta situación, el padre, la madre (o ambos) pueden asumir su papel de sacerdotes y lidiar con las acusaciones. Se debe lidiar con cada acusación.

Pasos para Recobrar la Visión[8]

1. Solicite acceso a la Corte de Cancelaciones una vez que se haya ocupado de las acusaciones[9]
2. Arrepiéntase por haber aceptado cualquier mentira que haya afectado su capacidad de ver en el espíritu
3. Pida perdón
4. Perdone a los que hicieron las acusaciones
5. Bendígalos
6. Libérelos.
7. Solicite la restauración de su vista
8. Solicite que se retire cualquier cubierta sobre su visión
9. ¡Empiece a ver!

Falsos Veredictos

Otro asunto que descubrimos, que a menudo bloqueaba la visión espiritual, fueron los falsos veredictos contra la capacidad de ver. Por ejemplo, a

---

[8] Ver la Tabla "Obstáculos para la visión – Acusaciones" en el apéndice

[9] Las acusaciones generalmente se resuelven en la Corte de Misericordia, pero también se puede hacer en cualquier otra corte. Sólo se presenta el testimonio de que ya ha sido resuelta la acusación en cualquier Corte en la que esté operando en ese momento.

veces una persona (o toda su línea familiar) tenía un falso veredicto relacionado con la incapacidad de su cuerpo para ver espiritualmente. A pesar de hacer todo lo posible, no mejoraba. Mientras sondeábamos este tema, encontramos que los veredictos falsos necesitaban ser revocados para traer una resolución a la situación de las personas.

Ejemplos de Falsos Veredictos

- Ver en el espíritu es sólo para los profetas y videntes.
- A los niños pequeños no se les permite ver en el espíritu
- Ver en el espíritu es sólo para los santos.

Cómo eliminar los falsos veredictos[10]

La solución es simple:

- Acceder a la Corte de Apelaciones
- Solicitar la anulación del falso veredicto(s)
- Arrepentirse en nombre de aquellos que originalmente crearon el falso veredicto
- Perdonarlos.
- Bendecirlos.
- Liberarlos.

---

[10] Ver la Tabla "Obstáculos para la visión – Falsos veredictos" en el apéndice.

- Solicitar que el falso veredicto sea reemplazado por un veredicto justo a su nombre.
- Pida que su vista espiritual sea restaurada
- Solicite que se retire cualquier cubierta sobre tu vista
- ¡Empiece a ver!

Falsos veredictos familiares

En ocasiones, se encuentran líneas familiares en las que se da un falso veredicto. Los falsos veredictos no siempre son el caso, ya que también puede haber iniquidad generacional.

Cuando eso ha ocurrido, queremos descubrir la fuente, o cuál fue el evento en donde el falso veredicto fue promulgado. Típicamente, se cometió algún pecado que tuvo la ceguera espiritual como parte de su consecuencia.

Ejemplos de veredictos falsos familiares

- No está permitido que la familia Jones vea cosas espirituales.
- La iniquidad de la familia Jones los descalifica para ver cosas espirituales.

Para limpiar estos falsos veredictos familiares, nos arrepentiremos del pecado y perdonaremos a los que introdujeron esta condición en la línea familiar, los bendeciremos y liberaremos, pediremos que nuestra vista espiritual sea restaurada y que se quite la cubierta que impide nuestra capacidad de ver.

Cómo eliminar los falsos veredictos familiares

- Acceda a la Corte de Apelaciones.
- Solicite la anulación del falso veredicto(s).
- Arrepiéntase en nombre de aquellos que originalmente crearon el falso veredicto.
- Perdónelos.
- Bendígalos.
- Libérelos.
- Solicite que el falso veredicto sea reemplazado por un veredicto justo a su nombre.
- Pida que su vista espiritual sea restaurada.
- Solicite que se retire cualquier cubierta sobre tu vista.
- ¡Empiece a ver!

Capítulo 5
Obstáculos para la Visión – Parte 2

Pactos o Juramentos

A veces, hay pactos o juramentos que nos atan a la ceguera espiritual. Típicamente, estos pueden provenir de cualquier variedad de masonería o cualquier otro tipo de organización de este tipo. Todos apuntan a un mismo propósito, el de destruir su vida y su destino.

Como mencioné en un capítulo anterior, y según mi experiencia, el engaño de la masonería es a menudo el pacto que más impacto tiene sobre la visión espiritual.

Independientemente de la fuente demoníaca de los pactos, se pueden resolver en las Cortes del Cielo. Como hacemos en muchos otros procedimientos en las cortes, primero debemos entrar con una actitud de arrepentimiento.

El arrepentimiento no es algo opcional en las Cortes del Cielo

Mientras más nos arrepentimos, más progreso haremos en las Cortes del Cielo

Lo que debemos entender de los pactos y juramentos es que se mantienen vigentes hasta que se anulan. Tienen un valor legal en el reino espiritual que se debe reconocer, para que se resuelva y se anule.

Los pactos y juramentos permanecen vigentes hasta que éstos son anulados.

Si comprendemos que quienes firmaron estos pactos a menudo no eran conscientes de todas las ramificaciones de estos acuerdos mortales, esto nos ayudará a perdonarlos y liberarlos de lo que hicieron con mayor facilidad. Cuando nos damos cuenta de que muchas de sus acciones fueron resultado de su quebranto y dolor, es mucho más fácil actuar con comprensión y compasión hacia ellos.

Accedemos a la Corte de Cancelaciones. Aunque no conozcamos al responsable del pacto, podemos perdonarlo de todas formas. Pedimos al Espíritu Santo que nos revele quién fue el responsable o cuántas generaciones atrás en nuestro linaje ocurrió esto. Luego nos arrepentimos del pecado inicial por efectuar el pacto o juramento. Nos arrepentimos por aquellos que lo hicieron o lo perpetuaron y perdonamos a la persona (o personas) por el pecado. Los bendecimos y los liberamos. Pida al Señor que lo libere a usted y a su descendencia generacional de las consecuencias de este pacto o juramento. También podemos pedirle al Señor que traiga restauración a los herederos de aquellos que fueron víctimas de la persona que promulgó este pacto.

Cómo abolir los pactos o juramentos[11]

1. Solicite acceso a la Corte de Cancelaciones
2. Pida al Espíritu Santo que revele al originador del pacto o juramento. (Si está relacionado con la masonería, arrepiéntase por usted o por sus antepasados que se pusieron el velo de engaño y juraron contra la vista espiritual de ellos y la suya).
3. Arrepiéntase por hacer el pacto o juramento inicial
4. Arrepiéntase por hacer cumplir o perpetuar el pacto o juramento
5. Perdónelos.
6. Bendígalos.
7. Libérelos.

---

[11] Ver la Tabla "Obstáculos para la visión – Pactos o Juramentos" en el apéndice.

8. Pida al Señor que lo libere a usted y a su linaje de las consecuencias del pacto o juramento.
9. Pida al Señor que traiga la restauración a los herederos de fueron víctimas de la persona que promulgó este pacto.
10. Solicite la restauración de su vista espiritual
11. Empiece a ver.

Pacto de Muerte

En Isaías 28,[12] leemos sobre un pacto de muerte que se produjo por la iniquidad de un antepasado(s). Dios busca que todo pacto de muerte (o cualquier pacto con la muerte) sea abolido de nuestras vidas, para que no vivamos sujetos a las demandas de la muerte. La muerte cobrará un peaje a cualquiera que esté sujeto a ella. A menos de que se cancele, continuará dando sus terribles frutos en nuestra vida y la de nuestra familia. Debemos acceder a la Corte de Cancelaciones y pedir que este malvado pacto sea anulado, y que cualquier acuerdo con el Seol también sea cancelado. A menudo estos pactos con la muerte fueron promulgados por nuestros antepasados como parte de los oficios perversos que realizaron o del culto profano al que se comprometieron.

En algunas culturas, los dioses demoníacos exigían que se promulgara un pacto con la muerte para permitirles exigir periódicamente un pago (normalmente en forma de vida humana) para que el

---

[12] Isaías 28:18

derramamiento de sangre inocente ayudara a alimentar la lujuria de los demonios. En muchos lugares, notará un patrón de jóvenes que mueren trágicamente justo antes (o inmediatamente después) de su graduación de la escuela secundaria o la universidad. Estos eventos ligados a un pacto de muerte deben ser anulados.

Cómo abolir el pacto de muerte[13]

1. Solicite acceso a la Corte de Cancelaciones
2. Pida al Espíritu Santo que revele quién fue el que originó este pacto o juramento. (Si está relacionado a la masonería, arrepiéntase por su ancestro(s), quien colocó un velo de engaño y puso pactos contra su visión espiritual y sobre la suya)
3. Arrepiéntase por haber hecho el pacto o juramento inicial.
4. Arrepiéntase por reforzar o perpetuar el pacto o juramento
5. Perdónelos
6. Bendígalos
7. Libérelos
8. Arrepiéntase por su pecado en este asunto
9. Pida al señor que lo limpie y lo libere a usted a y a sus generaciones de las consecuencias de este pacto o juramento.

---

[13] Ver la Tabla "Obstáculos para la visión – Liberación del pacto de muerte" en el apéndice.

10. Pida al Señor que traiga restauración a los herederos que fueron víctimas de la persona que inició este pacto.
11. Solicite la restauración de su visión espiritual
12. Solicite un Pacto de Vida en nombre suyo y el de sus generaciones.
13. ¡Empiece a ver!

Pactos o juramentos a través de organizaciones

Es posible que nuestra visión fuera afectada por tener un vínculo con organizaciones, denominaciones, fraternidades, hermandades o incluso pactos civiles o religiosos (incluida la masonería y organizaciones similares). Es posible que hayamos hecho una promesa frente a alguna autoridad con respecto a nuestra visión. Si se trata de un acuerdo impío o nocivo, debemos arrepentirnos y pedir que cualquier pacto que no esté en conformidad con las leyes y la voluntad de Dios sea anulado en nuestro nombre. Adapte los procedimientos anteriores para encontrar la libertad. Es aconsejable ser bastante específico en cuanto a la organización y el pacto o juramento.

Por ejemplo, en la masonería, el candidato permite que le pongan una venda en los ojos. Está haciendo un juramento para ver sólo la versión de luz que se permite en la masonería (¡la cual no es para nada verdadera luz!).

Capítulo 6

Obstáculos para la Visión – Parte 3

Reclamaciones de propiedad

En raras ocasiones, encontramos a alguien afectado por una reclamación de propiedad, con un título de propiedad que se originó por haber sido dedicado a Satanás. El título falso constantemente interfiere con su capacidad de ver, o de tener una visión clara. Es muy probable que estos reclamos de propiedad les hayan otorgado derechos para afectarlos con ceguera espiritual. Sólo con el permiso de la persona se pueden anular estos reclamos de propiedad; sin embargo, SÍ SE PUEDEN resolver. Conlleva que haya un genuino arrepentimiento y la renuncia a este título, así como el divorcio de la entidad con la que están involucrados. También necesitamos otorgar perdón a quienes fueron instrumentales para conseguir el título falso, y así pedir que éste sea abolido, y hacer la solicitud para obtener el título de propiedad correcto, instaurado con el Señor Jehová como el dueño total y legítimo de la persona.

Reclamaciones como esta no son falsas en el sentido de que no son legales, ya que el individuo le dio a la entidad permiso para "poseerlo". Él mismo se rindió a esa situación. El proceso de plena propiedad normalmente funciona por etapas.

La primera etapa es simplemente la introducción de la idea a la vida de la persona. El grado de aceptación de esta idea determina si se les impone un gravamen espiritual, pero si rechazan la idea, se recuperan de sus efectos. Cuando un pensamiento o idea impía llega a mi mente, puedo aceptarla, o puedo resistirla. Yo puedo negarme a permitir el derecho de dominar mi vida o no.

Muchas veces, las personas asumen que se deben rendir ante cada pensamiento o idea que se presenta. Ese no es el caso; no tenemos que sucumbir ante pensamientos impíos. La introducción de un pensamiento o idea a nuestra mente es a menudo el laboratorio de ensayo que el enemigo usa para ver si puede hacer más daño. Nuestras primeras respuestas a los pensamientos o ideas deben venir primero del reino espiritual. Podemos rechazarlos de entrada y pedir que la Sangre de Cristo cubra el pensamiento o la idea.

Gravámenes o títulos falsos sobre nuestra visión

Cuando una reclamación de propiedad está impactando la vida de alguien (ya sea un gravamen, título falso, nota o contrato de arrendamiento), la persona debe extender perdón hacia aquellos que pusieron dichas reclamaciones sobre su vida. Esto lo podemos trabajar en la Corte de Títulos y Escrituras.

Pasos para ser libres de gravámenes[14]

Primero, pedimos acceso a la Corte de Títulos y Escrituras, y luego seguimos los siguientes pasos:

1. Perdonar (Juan 20:23)13[15]
2. Bendecir (Mateo 5:44-45)14[16]
3. Liberar (Lucas 6:37)15[17]

Cuando menciono Juan 20:23, pregunto cuántas personas han escuchado alguna vez un sermón sobre ese versículo. Creo no haber visto más de dos manos levantadas. El poder de esa instrucción es enorme. Como protestantes, hemos descartado lo que los católicos y anglicanos han entendido en cierta medida. Podemos perdonar los pecados de alguien, pues es una función sacerdotal, y somos reyes y sacerdotes. Si quiero el perdón, necesito perdonar. Si quiero ser bendecido,

---

[14] Ver la Tabla "Obstáculos para la visión – Reclamaciones de Propiedad" en el apéndice.

[15] "A quienes les remitieres el pecado les son remitidos, a quienes les retuvieres, les son retenidos" (RVA)

[16] Habéis oído que se dijo: «Amarás a tu prójimo y odiarás a tu enemigo». 44 Pero yo os digo: amad a vuestros enemigos y orad por los que os persiguen, 45 para que seáis[a] hijos de vuestro Padre que está en los cielos; porque Él hace salir su sol sobre malos y buenos, y llover sobre justos e injustos. (LBLA)

[17] "No juzguéis y no seréis juzgados, no condenéis y no seréis condenados; perdonad, y seréis perdonados"

entonces debo estar dispuesto a bendecir. Si quiero ser liberado, entonces con gusto lo haré por alguien más.

Al perdonar a alguien quitamos el gancho con el cual lo tuvimos atado por el pecado. Al bendecir, estamos desplegando la bondad de Dios hacia la persona. No tiene nada que ver con el hecho de que se lo merezca o no. Nosotros mismos, tampoco merecíamos la bondad de Dios. Al liberarlos, les quitamos la atadura, y son libres para dejar ese tipo de pecado.

Lo que Jesús hizo con la mujer que fue sorprendida en el acto de adulterio,[18] fue precisamente remover el gancho que la ataba. Él la libró de la atadura de adulterio que ella tenía, y fue libre para no ser más una adúltera. Su compañero no fue partícipe de ese perdón, y probablemente continuó el pecado con alguien más.

Así mismo, podemos experimentar un gravamen por una emoción o una condición particular en la que nos encontramos. A veces, podemos tener gravámenes como resultado de una entidad de la que necesitamos ser libres (generalmente demoníaca). Las Tablas de Proceso para gravámenes detallan los pasos para la libertad.

Una vez hemos dado los primeros tres pasos, procedemos a solicitar lo siguiente:

    4. Que el gravamen sea marcado como satisfecho por la Sangre de Jesucristo.
    5. Que el Señor restaure su vista.

---

[18] Juan 18:2-11

6. De ser necesario, pida perdón por haber permitido entrar algún nivel de temor.
7. Solicite que se le quite cualquier escama o cubierta que esté sobre sus ojos espirituales.

Procedimiento para abolir títulos falsos[19]

Si es un título falso, seguimos el mismo procedimiento. Alguien está reclamando la propiedad de su vista. Puede ser una persona, un demonio, una entidad o incluso una organización (por ejemplo, la masonería, una iglesia, un club, una organización militar).

De la misma manera, perdonamos a los responsables del título falso, los bendecimos y los liberamos; luego pedimos que el título antiguo sea abolido y que se emita un nuevo título donde el Señor Jehová se haga cargo de nuestra vista. Pedimos al Señor que restaure nuestra vista espiritual y quite cualquier cubierta sobre nuestra visión.

1. Solicite acceso a la Corte de Títulos y Escrituras
2. Pida una transferencia de título de propiedad de quien lo tenga en ese momento a Jehová nuestro Dios.
3. Perdone (Juan 20:23)
4. Bendiga (Mateo 5:44-45)
5. Libere (Lucas 6:37)

---

[19] Ver la Tabla "Obstáculos para la visión – Reclamaciones de Propiedad—Títulos falsos" en el apéndice.

6. Solicite que sea abolido el título falso
7. Solicite que se emita un nuevo título de propiedad
8. Pida que se restaure su visión espiritual
9. Pida que se remueva cualquier escama o cubierta
10. ¡Comience a ver!

Las demás tablas de proceso muestran el camino a la libertad para las falsas notas y .contratos de arrendamiento. Estas no son tan comunes como los títulos falsos y los gravámenes, pero habrán ocasiones en donde usted los identificará, para que sean resueltos apropiadamente.[20]

---

[20] Ver la Tablas "Obstáculos para la visión" en el apéndice.

Capítulo 7

Obstáculos para la Visión – Parte 4

Maldiciones e iniquidades generacionales

A veces hay maldiciones activas sobre nuestra visión espiritual. Podemos recibir una maldición de muchas fuentes: brujería, hechicería, brujería carismática, culto a los ancestros y otras más. Debemos romper las maldiciones que afectan nuestra capacidad de ver y oír. Puede ser que alguien haya pronunciado una palabra impía sobre su vida y le haya maldecido. Es necesario que esa maldición se rompa en su vida.

Solicite acceso a la Corte de Cancelaciones y pida al Espíritu Santo que revele cada maldición. Luego, pide la cancelación de todas las maldiciones que están afectando la visión. Si tiene dificultades para identificar las posibles maldiciones, pida a una persona de confianza que le ayude a identificarlas. Si la persona es un vidente, eso puede ayudar inmensamente, aunque no es esencial para que usted pueda hacerle frente. No evite hacerlo sólo por no tener un vidente cerca. Si es necesario, póngase en contacto con nuestras oficinas y solicite una Sesión de Abogacía Personal (www.courtsofheaven.net). Una vez que las maldiciones son identificadas, es el momento de pasar a su siguiente paso.

Si es necesario, arrepiéntase por aceptar el impacto de la maldición sobre su vida, y perdone a la persona(s) que invocó la maldición.

Procedimiento para ser libres de maldiciones sobre la visión

Solicito acceso a la Corte de Cancelaciones. Solicito la cancelación de la maldición de _____ , que ha impactado mi vi vida, y pido que sea anulada.

Me arrepiento por el pecado que la originó, y perdono, bendigo y libero a la persona (s) que lo introdujo a mi línea generacional. Me arrepiento por mi pecado en este asunto.

Juez Justo, le solicito que lo elimine de mi vida y de mi linaje, así como la cancelación de las consecuencias de esta maldición

También solicito que a mí y a cualquier otro que haya sido afectado, se nos restituya por toda consecuencia negativa que provocó esta maldición. Además, solicito la completa restauración de mi vista espiritual.

Por último, al pedir al Juez Justo que le devuelva la vista espiritual, puede realizar un acto profético, como limpiar con un paño sus gafas espirituales o limpiar el interior de su parabrisas espiritual (como lo haría en su coche) para eliminar cualquier niebla que estorbe su visión.

Procedimiento para remover maldiciones de nuestra visión[21]

1. Solicite acceso a la Corte de Cancelaciones
2. Solicite la ayuda del Espíritu Santo para identificar cualquier maldición. (Pida ayuda a un amigo de confianza si es necesario)
3. Solicite la cancelación de toda maldición que afecte su vista espiritual
4. Arrepiéntase en nombre de la persona que inició esta maldición en su línea familiar.
5. Perdone a la persona o personas que invocaron la maldición
6. Bendígalos
7. Libérelos.
8. Arrepiéntase (si es necesario) de aceptar el impacto de la maldición
9. Pida al Juez Justo que limpie si de su línea generacional y lo libere a usted y a su familia de las consecuencias de la maldición

---

[21] Ver la Tabla "Obstáculos para la visión – Maldiciones" en el apéndice.

10. Solicite la restauración de su vista espiritual, así como la restitución a usted y a cualquier otra persona afectada por las consecuencias negativas de esta maldición, y finalmente,
11. Solicite la restauración completa de su visión espiritual
12. ¡Empiece a ver!

Iniquidades Generacionales

En el Salmo 103:3, leemos:

Él es quien perdona todas tus iniquidades, El que sana todas tus enfermedades.

Sabemos por la lectura de ese versículo que existe una correlación entre la enfermedad y la iniquidad. La iniquidad es un patrón de pecado que ha durado tanto tiempo que ya no lo vemos como pecado. Ya no nos convence de pecado lo que estamos haciendo.

Cada pecado tiene una consecuencia. Por ejemplo, la ira a menudo afecta al hígado. La ansiedad afectará al corazón y a otras partes de nuestro cuerpo. La pena impactará en nuestros pulmones. En casi todas las situaciones de enfermedad o dolencia, la culpa la tiene una raíz espiritual. Las Cortes de Sanidad y el Hospital del Cielo nos ayudan a lidiar con los derechos legales que mantienen las cosas en su lugar para que podamos entrar en un lugar de libertad y plenitud.

¿Qué pasa si en algún lugar de su línea generacional, algún antepasado hizo algo para cegar a otros física o espiritualmente? ¿Es posible que el efecto de su cosecha haya entrado en juego hasta nuestra vida? Yo creo que esto sí es posible. Si este fuera el caso, necesitamos arrepentirnos del pecado, perdonar al perpetrador, y pedir la restauración de todo lo que perdió la víctima y su línea familiar.

No importando cuál sea la iniquidad, debemos siempre arrepentirnos, perdonar a los que la introdujeron en nuestra línea familiar, perdonar a los que la perpetraron a través de las generaciones. Así mismo, pedir el perdón de Dios hacia ellos. Pidámosle al Señor que purifique nuestro ADN, nuestro árbol genealógico, nuestros cuerpos físicos y que nos introduzca en su plenitud.

Procedimiento para eliminar iniquidades generacionales que afectan la visión[22]

1. Solicite acceso a la Corte de Cancelaciones
2. Pida al Espíritu Santo que revele el origen de la iniquidad en su línea generacional.
3. Arrepiéntase del pecado original que introdujo esta iniquidad en sus generaciones
4. Arrepiéntase en nombre de todos los que impusieron o perpetraron la iniquidad en sus generaciones.
5. Perdónelos.

---

[22] Ver la Tabla "Obstáculos para la visión – Iniquidades generacionales" en el apéndice.

6. Bendígalos.
7. Libérelos.
8. Pida al Señor que lo libere a usted y a su linaje de las consecuencias de la iniquidad generacional.
9. Pida al Señor que restaure a los herederos de quienes pudieron ser víctimas de la persona que promulgó esta iniquidad.
10. Pida al Señor que le devuelva la visión
11. ¡Empiece a ver!

Capítulo 8
Obstáculos para la Visión – Parte 5

En este capítulo finalizamos hablando de los diversos obstáculos que pueden surgir en la visión espiritual. Muchos de ustedes, a estas alturas del libro, ya habrán experimentado mejorías. Si no lo han hecho, ¡no se rindan! Aguanten un poco más. Además, no dejen que la frustración influya. Cada uno de ustedes ha sido diseñado con la capacidad de ver y lo hará. Veamos otros posibles obstáculos.

Sala de trofeo

A veces, el enemigo ha convertido en espectáculo a las personas y en cierto modo las han colocado en una vitrina de trofeos en la Sala de Trofeos del Infierno. Los cautivos que están en este lugar necesitan ser liberados. El proceso que hemos utilizado con éxito es el siguiente:

1. Solicite acceso a la Corte de Apelaciones

2. Arrepiéntase de todo aquello que hubiera colocado a la persona en este lugar de encarcelamiento.
3. Solicite la ayuda de un ángel para que lo lleve a la sala de trofeos
4. De la Corte de Apelaciones solicite un Certificado de Libertad
5. Reciba el certificado y la llave de la vitrina de trofeos
6. Solicite la ayuda de un ángel para que lo lleve a la Sala de Trofeos
7. Quite la llave de la vitrina y saque a la persona de allí.
8. Pida al ángel que destruya la vitrina de trofeos
9. Saque a la persona de la Sala de Trofeos y establézcalo en lugares Celestiales.
10. Solicite la liberación de su vista espiritual
11. ¡Empiece a ver!

Una vez fuera de la vitrina de trofeos y de la Sala de Trofeos, es posible que deban ocuparse de la ruptura de su corazón. Simplemente sigan las instrucciones del Espíritu Santo.

Regiones de Cautividad

Quizá se ha sentido como si estuviera cautivo en cuanto a su visión espiritual. No es un reclamo de propiedad, pero aun así, se ha sentido bloqueado. La libertad en esta situación implica una serie de actos proféticos, así como lidiar con el cautiverio.

El enemigo tiene permitido mantenernos en cautiverio siempre y cuando nuestro pecado (o el de nuestros antepasados) le haya otorgado los derechos legales para hacerlo. Sin embargo, una vez que nos arrepentimos de nuestros pecados y/o los pecados de nuestros antepasados, los derechos del enemigo para mantenernos cautivos son eliminados. Entonces solicitamos una orden judicial de Habeus Corpus que se lleva a cabo en la Corte de Apelaciones.

Saca mi alma de la prisión, para que yo dé gracias a tu nombre; los justos me rodearán, porque tú me colmarás de bendiciones. (Salmos 142:7) [Énfasis mío]

Certificado de libertad

El Certificado de Libertad es lo que se emite cuando alguien es liberado de una encarcelación ilegal o hecha por error. Es posible impugnar el encarcelamiento injusto de una persona (o grupo de personas), y llevarlo ante el tribunal para solicitar un dictamen de Certificado de Libertad. Si la demanda de encarcelamiento erróneo o ilegal se considera válida, se ordena la liberación del prisionero. Si la corte determina que el encarcelamiento impugnado es injusto, y luego de emitir un Certificado de Libertad el prisionero sigue en cautiverio, entonces se solicita la asistencia angelical. Entre al lugar en donde está cautiva la persona acompañado de los ángeles o Jesús, abra la celda y libere al cautivo de los grilletes y cadenas que lo atan. Una vez obtenido el certificado, los ángeles son una ayuda maravillosa para sacar al prisionero del cautiverio.

En este caso, solicite la ayuda de un ángel que entre en el lugar de cautiverio. Pida al ángel (o a Jesús), que abra la celda, lo saque y lo libere de los grilletes y cadenas que lo atan. Quítele los grilletes de alrededor de su cuello, alrededor de su cintura, de sus muñecas y tobillos. También, remueva la venda de los ojos (o el casco en la cabeza), para que pueda empezar a ver con claridad. Luego, pídale que salga de ese lugar de cautiverio. Puede hacer esto usted mismo si es necesario, pues Jesús o un ángel lo acompañan y le ayudan en el proceso. Una vez que esté fuera del lugar de cautiverio, guíelo a establecerse en lugares celestiales, y pida la restauración completa de su vista espiritual.[23]

El mismo principio puede aplicarse con los que están atrapados en un foso profundo, en tierra cenagosa, en regiones de sombra de muerte, lugares desérticos, compuertas de dolor, el lugar de chacales, la tierra del olvido, la región de muerte, el foso de la destrucción, el foso de la iniquidad y los fosos de la desesperación[24]

Jeanettte Strauss, autora de *Desde la Corte del Cielo hasta el Trono de Gracia y Misericordia*, (*From The Courtroom of Heaven To the Throne Of Grace and Mercy*, en inglés)[25] encontró que la siguiente escritura era muy

---

[23] Ver la Tabla "Obstáculos para la visión – Regiones de cautividad" en el apéndice.
[24] "Regiones de Cautividad" por Ana Méndez Ferrel
[25] Disponible en Amazon y otros puntos de venta

valiosa para liberar a su hija de la profunda esclavitud en la que se había metido:

¿Se le puede quitar el botín a un soldado?¿Puede un prisionero escapar de un tirano? Pues esto es lo que el SEÑOR dice: «Se arrebatarán los prisioneros a los soldados y a los tiranos se les quitará el rescate recibido. Yo mismo me enfrentaré con los que se te enfrenten y salvaré a tus hijos. (Isaías 49:24-25)

Si nosotros entramos al campo enemigo por nuestras propias decisiones, no es de sorprender que terminemos en cautiverio. Este pasaje promete la liberación de los cautivos, ¡pero eso sólo vendrá si seguimos las reglas!

Porque yo sé los planes que tengo para vosotros» —declara el SEÑOR— «planes de bienestar y no de calamidad, para daros un futuro y una esperanza. Me invocaréis, y vendréis a rogarme, y yo os escucharé. Me buscaréis y me encontraréis, cuando me busquéis de todo corazón. Me dejaré hallar de vosotros» —declara el SEÑOR— «y restauraré vuestro bienestar y os reuniré de todas las naciones y de todos los lugares adonde os expulsé» —declara el SEÑOR— «y os traeré de nuevo al lugar de donde os envié al destierro». (Jeremías 29:11-14)

Debemos arrepentirnos de lo que nos llevó a la cautividad en primer lugar. Eso implica la confesión del pecado (decir lo que Dios dice del pecado), y recordemos que el arrepentimiento es abandonar el pecado y cambiar de estilo de vida.

Los hijos de Israel se encontraron en cautiverio como resultado de malas elecciones. En esencia, eso es lo que nos lleva a la mayoría de nosotros al cautiverio. ¡La buena noticia es que podemos ser liberados!

Votos hechos contra nuestra visión

Quizá en algún momento de nuestra vida hicimos un voto de no ver nunca lo espiritual, probablemente debido a una experiencia en la que nos dio miedo algo que vimos. También pudimos hacer votos que apagaron nuestra imaginación, sin darnos cuenta de que es la conexión que Dios usa para llevar las cosas del espíritu a nuestra alma. Es como el monitor de nuestro ordenador, que traduce los bits y bytes en algo que podemos comprender en este reino.

Nos debemos arrepentir por los votos impíos que hemos hecho. Si hicimos alguna clase de acuerdo o transacción impía también debemos arrepentirnos, pedir la cancelación de dicha transacción y el cese de cualquier consecuencia relacionada con ella.

De nuevo, si necesitamos perdonar a alguien o a alguna organización, lo haremos también. Después de este proceso, pediremos la restauración de nuestra vista espiritual y la remoción de cualquier cubierta o velo que nos impida ver.

Procedimiento para eliminar votos de nuestra visión

1. Solicite acceso a la Corte de Cancelaciones
2. Arrepiéntase por cualquier voto que haya hecho fuera de los propósitos de Dios.
3. Arrepiéntase por reforzar y perpetuar el voto
4. Arrepiéntase por aceptar cualquier mentira que le impulsó a hacer ese voto en primer lugar.
5. Pida perdón
6. Solicite al Señor que lo libere (a usted y a sus generaciones[26] de las consecuencias de ese voto.
7. Pida al Señor que restaure su visión espiritual
8. ¡Empiece a ver!

Cuando apagamos nuestra imaginación

Parte del problema al hacer votos sobre nuestra visión espiritual, a menudo implica malentendidos sobre nuestra imaginación.

Gran parte del cuerpo de Cristo se ha creído la mentira de que "la imaginación es mala". ¡Eso es falso! La imaginación es lo que Dios usa para comunicarse a través de nuestro espíritu. Cuando tenemos una visión, el espíritu se comunica con el alma a través de la

---

[26] Si es que fueron parte del proceso de ese voto.

imaginación. Como el monitor de un ordenador o la pantalla de un teléfono, la parte del alma que incluye nuestra imaginación toma la información del Cielo y la coloca en forma de imagen. Usamos nuestra imaginación para formar imágenes, lo cual es una función del hemisferio derecho del cerebro, que es más artístico y musical y NO está basado en la lógica. El pensamiento lógico se produce desde el hemisferio izquierdo del cerebro. Ver con los ojos de nuestro espíritu involucra al cerebro derecho. Nuestro pensamiento lógico debe pasar a un segundo plano en este proceso.

Está bien imaginar. Está bien formar imágenes en nuestra mente. Recuerde, ahora tenemos la mente de Cristo. A menos de que estemos continuamente llenando nuestra mente con basura, esa basura no saldrá por sí sola. Si ha visto algo que no es agradable a Dios, aplique la Sangre de Cristo a esas imágenes dentro de su imaginación para que sean eliminadas de su mente.

Cómo eliminar la mentalidad religiosa

Si la religión le ha dicho que es peligroso ver en el espíritu, deténgase ahora mismo y arrepiéntase de aceptar esa mentira y renuncie a ella. ¡Pídele a Dios que le perdone y que le devuelva la vista! Luego, comienza a ver.

1. Acceda a la Corte de Cancelaciones
2. Arrepiéntase de aceptar las mentiras de la religión
3. Pida y reciba el perdón

4. Pida a Dios que le devuelva la vista
5. ¡Empiece a ver!

Jesús dependía de su vista espiritual para obtener revelación e instrucción, de acuerdo a Juan 3:38:

> *Yo hablo **lo que he visto con mi Padre**; vosotros, entonces, hacéis también lo que oísteis de vuestro padre. [Énfasis mío]*

Si la visión espiritual era importante para Jesús, debiera ser importante para nosotros también.

Kay Tolman, en su libro *Movido por compasión* (*Moved with Compassion*, en inglés), dice así:

> *La única manera de ver al Padre es a través de imágenes de lado derecho de nuestro cerebro.*
>
> *Algunos ministros expresan su preocupación por realizar una práctica de la Nueva Era cuando se trabaja con imágenes del cerebro derecho. Las prácticas de la Nueva Era falsifican las cosas reales del Reino de Dios. Si no tuvieran valor, no serían copiadas. Sólo porque el enemigo haya copiado algo que Dios quiso que tuviera una mayor intimidad con Él, no significa que tiremos la práctica. En su lugar, la utilizaremos adecuadamente. Una forma de asegurar que el enemigo no contamine este proceso sagrado, y para aliviar nuestra mente, consagraremos los ojos de nuestro corazón a Dios. (Tolman, 2017, p. 115)*

No perdamos la oportunidad de usar algo que Dios nos dio por temor, y usemos al máximo las capacidades que Él mismo formó en nosotros. Aprendamos a usar el hemisferio derecho de nuestro cerebro para traer sanidad a los traumas.

> *La investigación ha demostrado que la práctica mental de la imaginación, la visualización, la meditación profunda y la reflexión, produce los mismos cambios físicos en el cerebro que si hubieran ocurrido los mismos procesos imaginados", dice la Dra. Carolyn Leaf en "¿Quién apagó mi cerebro?". "Cuando Jesús sana la herida de un sobreviviente de trauma usando el generador de imágenes del lado derecho del cerebro, físicamente, ¡tiene el mismo efecto en el cerebro como si realmente hubiera ocurrido! (Tolman, 2017, p. 116)*

Cuando entendemos cuán poderosas son las imágenes y la visualización del lado derecho del cerebro, comprendemos también por qué Satanás intenta mantener esta valiosa herramienta alejada del cuerpo de Cristo.

Cuando Jesús sana la herida de un sobreviviente de trauma usando el generador de imágenes del lado derecho del cerebro, físicamente, ¡tiene el mismo efecto en el cerebro como si realmente hubiera ocurrido!

En el capítulo "El Efecto del Observador" (próximamente) vemos este concepto desde los conocimientos de la física cuántica que ahora poseemos.

Los Resultados

Las diversas categorías de las que hemos hablado en este capítulo le ayudarán a trabajar con los problemas de la ceguera espiritual y saber la forma en que entró en su vida. Hemos visto persona tras persona que descubrieron que en efecto podían ver después de seguir las pautas que compartimos con ellos.

Revisemos la lista:

- Acusaciones
- Falsos veredictos
- Pactos o juramentos
- Reclamaciones de propiedad
- Maldiciones
- Iniquidades generacionales
- Regiones de cautividad
- Votos contra la visión

Otras Causas

En raras ocasiones, los individuos tienen causas adicionales que han obstaculizado su capacidad de ver espiritualmente. Estoy seguro de que existen más, pero estas son aquellas con las que hemos tenido alguna experiencia.

Enojo contra Dios

En ocasiones, es necesario tratar con algún tipo de enojo hacia Dios. Si es así, debemos arrepentirnos por mantener ese sentimiento hacia el Señor y también en nombre de aquellos que en nuestra línea generacional se han enojado con Dios... ¡Probablemente todo el mundo podría ser incluido en esta categoría en algún nivel!

Este enojo es como un permiso que damos para que la enfermedad o la ceguera espiritual ocurra. Muchas formas de cáncer parecen tener este tipo de enojo en su raíz.

No podemos subestimar el impacto que la falta de perdón tiene en nuestra salud espiritual. Henry Wright, en su libro, *Un camino más excelente*, enseña extensamente sobre cómo la falta de perdón impacta el cuerpo y permite que la destrucción entre a nuestra vida. Al igual que el enojo, la falta de perdón es otro permiso que se concede para que la enfermedad y la ceguera espiritual residan en nuestros cuerpos. No debemos dejar que vaya más allá de lo que ya está. Necesitamos arrepentirnos y pedirle a Dios que traiga la restauración a nuestro corazón y a cada célula dentro de nosotros.

A medida que pase el tiempo, descubriremos otras razones que obstaculizan nuestra visión espiritual, pero las que hemos cubierto hasta ahora son significativas. Añadiremos otras razones a medida que se nos dé revelación y sabiduría.

Capítulo 9
El efecto observador

En el campo de la física cuántica, uno de los principios más básicos (si no EL principio más básico) se conoce como "el efecto observador". En pocas palabras, el efecto observador puede ser definido de esta manera:

*Lo que yo observo
afecta lo observado.*

El mero hecho de observar algo provoca que esto cambie. Las ondas invisibles de energía o potencial cambian simplemente por ser observadas. Cuando los científicos intentan medir estas ondas de energía, éstas cambian de ondas de energía a una partícula (o partículas), que es algo concreto. Ya no es una serie de ondas, sino que se ha convertido en sustancia. Es algo que podemos observar en nuestra dimensión de tiempo y espacio. Es materia.

Colapso de función de onda

Los científicos llaman a esta transformación en la que las ondas de energía colapsan en una partícula, "colapso de la función de onda". Es tomar algo invisible y hacerlo visible. Algo no visible ahora se ve. Sin embargo, primero lo vemos a través de nuestra imaginación usando la visualización.

Dentro del mundo cuántico, cualquier resultado posible está disponible en todos y cada uno de los momentos.

Así es como los físicos lo definen. Tenemos que hacer una pausa y meditar sobre esa afirmación. Nosotros en cambio, llamaríamos a eso "fe". En Hebreos 11:1 dice:

Ahora bien, la fe es la certeza de lo que se espera, la convicción de lo que no se ve [pero que se ve con los ojos de nuestro espíritu]. (Hebreos 11:1) [Énfasis mío]

Jesús le dijo: «¿Cómo si tú puedes?». **Todas las cosas son posibles para el que cree.** *(Marcos 9:23) [Énfasis mío]*

Cuando visualizamos algo, se materializa lo que vemos, y así se afirma nuestra fe. La visualización NO es una maldición. Es una técnica valiosa para acceder al reino de los cielos.

(como está escrito: Te he hecho padre de muchas naciones) delante de aquel en quien creyó, es decir

> *Dios, que da vida a los muertos y **llama a las cosas que no existen, como si existieran.** (Romanos 4:17) [Énfasis mío]*

Puedes llamar a existencia esas cosas porque las ves con lo que Pablo llamó, "los ojos de tu entendimiento".

> *¹⁷ para que el Dios de nuestro Señor Jesucristo, el Padre de gloria, os dé espíritu de sabiduría y de revelación en el conocimiento de él, **alumbrando los ojos de vuestro entendimiento**, para que sepáis cuál es la esperanza a que él os ha llamado, y cuáles las riquezas de la gloria de su herencia en los santos, (Efesios 1:17-18) [Énfasis mío]*

Tenemos revelación porque los ojos de nuestro entendimiento están hechos para ver (eso es lo que significa que sean "alumbrados").

Todo lo que necesitamos, ahora o en el futuro, ya está a nuestra disposición. Dios nos dio esta promesa:

> *Bendito sea el Dios y Padre de nuestro Señor Jesucristo, **que nos bendijo con toda bendición espiritual en los lugares celestiales [el mundo invisible] en Cristo.** (Efesios 1:3) [Énfasis mío; adiciones mías]*

No son perceptibles a nuestros ojos naturales, pero sí lo son para nuestros ojos espirituales.

> *Gracia y paz os sean multiplicadas, en el conocimiento de Dios y de nuestro Señor Jesús. **Como todas las cosas que pertenecen a la vida y a la piedad nos han sido dadas por su divino poder**, mediante el conocimiento de aquel*

que nos llamó por su gloria y excelencia. (2 Pedro 1:2-3) [Énfasis mío]

La habilidad de ver con nuestros ojos espirituales es un equipamiento vital para nuestro caminar con Dios. Al ver espiritualmente podemos aprovechar la revelación que Dios tiene para nosotros.

En el Cuerpo de Cristo hemos estado tan "orientados por la Palabra" (lo cual es una función del cerebro izquierdo) que hemos ignorado el entendimiento de esa Palabra, que resulta cuando ejercemos la función del lado derecho del cerebro.

Todo lo que necesitamos se encuentra disponible. Dios ha provisto todo. Nuestro desafío consiste en aprender cómo hacer que lo que está en el cielo se manifieste en la tierra. La física cuántica nos explica cómo funcionan las cosas que las Escrituras nos dicen. Estas olas gloriosas de potencial espiritual necesitan colapsar en nuestra realidad, en nuestro espacio y tiempo. Lo que está en el Cielo necesita manifestarse en la Tierra.

*Por la fe entendemos haber sido constituido el universo por la palabra de Dios, **de modo que lo que se ve fue hecho de lo que no se veía**. (Hebreos 11:3, from Moffatt, 1994) [Énfasis mío]*

*Lo que es invisible
necesita volverse visible*

Los científicos se refieren al fenómeno de hacer lo invisible visible como "colapso de la función de onda" y esto es lo que sucede cuando oramos. Lo invisible se hace visible.

*Primero lo vemos con nuestro espíritu
y luego lo vemos en el ámbito natural*

El pan nuestro de cada día dánoslo hoy. (Matthew 6:11)

La provisión del Cielo se manifiesta en la tierra a través de comida, agua, provisión económica, etc. Por eso oramos.

Si estoy enfermo, miro lo que la Palabra dice sobre mi situación, "por sus llagas fui sano,"[27] y cuando comprendo lo que Dios me dice, cuando lo veo con los ojos de mi corazón, mi situación cambia. Paso de la enfermedad a la salud. Lo "veo" (lo observo) y la situación cambia; la función de la onda se colapsa.

Cuanto más vemos con nuestros ojos espirituales, más comprendemos lo que el Cielo ve en nosotros. La versión que el Cielo tiene de cada uno de nosotros es la de ser personas sanas, completas, gloriosas, sin que la

---

[27] 1 Pedro 2:24

debilidad o la enfermedad dominen nuestro cuerpo. Al ver eso, es inevitable que seamos transformados.

Por tanto, nosotros todos, **mirando a cara descubierta como en un espejo la gloria del Señor, somos transformados de gloria en gloria en la misma imagen,** *como por el Espíritu del Señor. (2 Corintios 3:18) [Énfasis mío]*

¡El resultado de mi observación (ver con mi espíritu) dará como resultado mi transformación!

Lo que es potencial en el Cielo, colapsa a este ámbito natural, y yo me convierto en lo que es la versión del Cielo de mí.

Si, pues, habéis resucitado con Cristo, **buscad [observa] las cosas de arriba**, *donde está Cristo sentado a la diestra de Dios. ² **Poned la mira** en las cosas de arriba, no en las de la tierra. ³ Porque habéis muerto, y vuestra vida está escondida con Cristo en Dios. 4Cuando Cristo, vuestra vida, se manifieste, entonces vosotros también seréis manifestados con él en gloria [seremos transformados en una nueva dimensión de su naturaleza]. (Colosenses 3:1-4) [Énfasis mío; adiciones mías]*

Por esta razón debemos descartar las cosas que obstaculizan nuestra transformación. Leamos un poco más:

⁵ Por tanto, considerad los miembros de vuestro cuerpo terrenal como muertos a la fornicación, la impureza, las pasiones, los malos deseos y la avaricia, que es idolatría. ⁶ Pues la ira de Dios vendrá sobre los hijos de desobediencia por causa de estas cosas, ⁷ en las cuales vosotros también anduvisteis en otro tiempo cuando vivíais en ellas. ⁸ Pero ahora desechad también vosotros todas estas cosas: ira, enojo, malicia, maledicencia, lenguaje soez de vuestra boca. ⁹ No mintáis los unos a los otros, puesto que habéis desechado al viejo hombre con sus malos hábitos, ¹⁰ y os habéis vestido del nuevo hombre, **el cual se va renovando [transformando] hacia un verdadero conocimiento, conforme a la imagen de aquel que lo creó;** *(Colosenses 3:5-10) [Énfasis mío; adiciones mías]*

¡La observación produce transformación!

Lo que yo observo, se manifiesta.

Las obras de la carne que Pablo menciona en este versículo crean imágenes erróneas en nuestra mente, imágenes que nos traen destrucción tanto a nosotros y a nuestras relaciones, y a cada aspecto de nuestra vida.

¡Debemos contemplar sólo aquello que da vida, no lo que produce muerte!

Jesús dijo que él hacía lo que veía hacer a su Padre y decía lo que escuchaba decir a su Padre. Observó lo que su Padre estaba haciendo, se puso de acuerdo con ello, y lo manifestó en la tierra.

*Además os digo, que si dos de vosotros se **ponen de acuerdo sobre cualquier cosa que pidan aquí en la tierra, les será hecho** por mi Padre que está en los cielos. (Mateo 18:19) [Énfasis mío]*

La palabra "pedir" implica la búsqueda de algo oculto, algo deseado. Debido a que estamos de acuerdo con el Cielo, lo oculto se manifiesta en la tierra.

Cuando oremos por alguna situación, debemos ver con nuestros ojos espirituales aquello que deseamos. Una vez lo vemos, entramos en un acuerdo con el Cielo para que esto se manifieste.

Lo hemos hecho mucho más difícil de lo que es. Necesitamos estar de acuerdo con el Cielo; el Cielo nos está esperando. Cuando vemos a través del reino del espíritu, estamos visualizando lo invisible.

El propósito de esta visualización es causar que lo invisible se vuelva visible.

Una vez visto en el espíritu, comience a liberarlo en la tierra por las palabras de su boca. Que su boca esté de acuerdo con lo que su espíritu ve para que pueda surgir en la tierra; decir lo que no ha visto sería presuntuoso.

En el Evangelio de Marcos, Jesús explica cómo funciona:

> *Y Jesús respondió, diciéndoles: Tened fe en Dios. [confíen en el proceso que Dios ha instituido] En verdad os digo que cualquiera que diga a este monte: «Quítate y arrójate al mar», y no dude en su corazón,* **sino crea [tiene la habilidad para ver lo que desea con sus ojos espirituales] que lo que dice va a suceder, le será concedido.** *Por eso os digo que todas* **las cosas por las que oréis y pidáis, creed que ya las habéis recibido, y os serán concedidas.** *(Marcos 11:22-24) [Énfasis mío; adiciones mías]*

En el último capítulo de Lucas, Jesús instruye a sus seguidores a que esperen en Jerusalén hasta que sean investidos con el poder del Espíritu Santo. En Hechos 1, continúa la historia y explica por qué les había hecho esta petición. En el versículo 8, dice que se convertirían en testigos. Testificar no es tanto algo que hacemos con nuestra boca, sino el resultado de verlo con nuestros ojos. Cuando alguien dice que fue testigo de algo, significa que lo observó con sus ojos. Entonces contaron lo que vieron.

Una de los testimonios más creíbles es el que proviene de un testigo ocular. La persona que testifica ha visto algo y está dispuesta a describir lo que vio. A medida que usamos los ojos de nuestro corazón y observamos lo que es la realidad en el Cielo, esa realidad celestial colapsa y cambia de forma, según se necesita. En ese punto nuestro testimonio como testigos oculares se duplica en poder. Lo que hemos visto en el Cielo, ahora lo vemos en la Tierra.

Recientemente aprendí algo valioso de la maestra bíblica Charity Kayembe, a través de un video que hizo,[28] ¡vi cómo este concepto puede llegar a impactar todo lo que hacemos y todo lo que entendemos sobre la Gloria! Dentro de la Gloria de Dios está el potencial ilimitado para todo lo que se necesita en la tierra. Es una energía que puede ser transformada al observar algo con nuestros ojos espirituales, ver lo que Dios ve y ponernos de acuerdo con ello. ¡La Gloria no tiene límites!

Jesús entendía esto cuando nos dijo:

Todas las cosas me han sido entregadas por mi Padre; *y nadie conoce al Hijo, sino el Padre, ni nadie conoce al Padre, sin el Hijo, y aquel a quien el Hijo se lo quiera revelar. (Mateo 11:27) [Énfasis mío]*

Conforme asimilamos estos conceptos (los cuales son más fáciles de entender desde los lugares celestiales), nuestras vidas cambian, y las situaciones también. ¡Esto se aplica a todas nuestras esferas!

---

[28] Hearing God Through your Dreams – Session 1 – Bridges to the Supernatural, Charity Kayembe, Communion with God Ministries

Capítulo 10
Conclusión

Al ir navegando por este libro, nuestra oración es que su visión espiritual sea liberada por completo. Como mínimo, oramos para que su capacidad de ver el ámbito espiritual haya mejorado considerablemente desde que comenzó el libro. Hemos sido testigos de cómo docenas de personas pasaron de una ceguera espiritual a la claridad total. Si ha llegado hasta aquí sin experimentar una mejora, por favor, póngase en contacto con nosotros. ¡No se rinda! ¡Nosotros no lo haremos!

Este libro es el segundo de nuestra serie *Cómo proceder en el Cielo* (*Engaging Heaven*, en inglés). El primer libro se llama *¡Cooperemos con la Gloria!* (*Cooperating with the Glory*). En cuanto a los gravámenes espirituales que mencionamos en capítulos anteriores, esto involucra ir a la Corte de Títulos y Escrituras. Escribí un libro sobre esta corte llamado, *Cómo proceder en la Cortes de Propiedad y Orden* (*Engaging in the Courts for Ownership and Order,* en inglés), en donde enseño cómo remover los títulos falsos y los gravámenes de nuestra vida para obtener el progreso que necesitamos hacer en el reino del espiritual.

No dude en contactarnos si necesita una sesión de abogacía, en donde ayudamos a las personas en el ámbito de las Cortes del Cielo. Buscamos quitar de sus vidas los bloqueos que no han logrado por sí mismos. Puede programar una Sesión de Abogacía Personal en nuestra página web (www.courtsofheaven.net). También trabajamos estos asuntos con ministerios y empresas.

Asimismo, le invitamos a visitar nuestro sitio web para revisar las fuentes disponibles, incluyendo videos, tablas de procesos, recursos de oración y más, para que pueda aprender sobre las Cortes del Cielo. Queremos que aprenda a operar en las Cortes del Cielo y que sea capacitado para liberarse a sí mismo, a su familia, a sus amigos y a sus seres queridos. Buscamos también poder impactar las naciones a través de las Cortes del Cielo.

¡Feliz visión!

Apéndice A

Accediendo a las regiones celestials

Esta es una porción del libro Cómo proceder en la Corte Celestial de Misericordia *y le ayudará a comprender cómo involucrarse en los lugares celestiales en una forma nueva y fresca.*

E s un gran privilegio poder compartir en esta época de la historia la capacidad de acceder al ámbito del Cielo con facilidad. A muchos de nosotros nos enseñaron que el Cielo es sólo para después de la muerte. El Cielo es mucho más que el destino final de un viaje, es también un aspecto vital durante ese viaje.

Lo que estoy a punto de compartir es vital para progresar en las diversas Cortes del Cielo. Podemos acceder a la Corte de la Misericordia mientras estamos funcionando enteramente aquí en la tierra, pero para maximizar nuestros esfuerzos en las Cortes del Cielo, necesitamos aprender a operar DESDE el Cielo.

Cuando enseño sobre el acceso a los lugares celestiales, a menudo doy unos puntos clave. Si usted me dijera que es ciudadano de una localidad en particular, pero no puede describir su experiencia en ese lugar, dudaría de la autenticidad de su ciudadanía. Yo soy ciudadano de un pequeño pueblo en el centro de Carolina del Norte. Estoy familiarizado con la ubicación del ayuntamiento, la comisaría, el hospital, el tribunal del condado, el departamento del sheriff y mucho más. Sé dónde se celebran muchos eventos deportivos. Sé dónde están los parques. Conozco muchas de las tiendas y restaurantes. Estoy familiarizado con esta pequeña ciudad. De la misma manera, si le pregunto al creyente promedio si puede describir el Cielo desde su experiencia personal, la respuesta probablemente sería que no sabe hacerlo. No tiene ninguna experiencia personal del Cielo que me pueda relatar. No tiene por qué ser así.

En Mateo 3, la Palabra nos enseña que el Reino de los Cielos está cerca. Se podría decir que "el Reino de los Cielos está tan cerca de nosotros como lo está nuestra mano". Coloque su mano frente a su nariz tan cerca como pueda, sin tocar su nariz. El cielo está más cerca de usted que eso. No está lejano, no está tan lejos arriba en el cielo, ni "más allá" como describen algunos viejos himnos. El cielo es una realidad muy cercana, separada de nosotros tan sólo por una membrana muy fina, y podemos acceder a allí por la fe. Es muy simple.

Cuando Jesús fue bautizado en el río Jordán, al salir del agua INMEDIATAMENTE, los cielos se abrieron. Él vio (una paloma) y oyó (una voz que venía del cielo). Este único acto de Jesús restauró nuestra capacidad de acceder al Cielo, y podemos experimentar los cielos abiertos en nuestra vida. No tenemos que esperar. Podemos vivir conscientes del reino del Cielo y vivir desde esa realidad!

Todo lo que hacemos como creyentes lo debemos hacer por fe. Acceder a los reinos del Cielo se hace de la misma manera. En el capítulo 5, hablé de cómo los actos proféticos pueden crear realidades para nosotros. Es lo mismo con el acceso al Cielo. Es como visualizar el paso de una habitación a otra, así de fácil. Tan fácil como ir de un lugar a otro. Para aprender a acceder a los reinos del Cielo, hay que seguir el mismo patrón.

Póngase de pie desde donde se encuentra ahora y prepárese para trabajar conmigo. ¡Puede experimentar el Reino del Cielo ahora mismo! No tiene que esperar hasta que esté bien vestido en una caja larga de la funeraria local o decorando una urna. ¡Usted puede experimentar el Cielo mientras está vivo! Recuerde, entramos al Reino como un niño.

Acalle su mente. Apague los ruidos de fondo que le distraigan, si es posible. Prepárese para relajarse y concentrarse. Ahora, diga esto conmigo:

Padre, hoy pido acceso a las regiones del Cielo, así que ahora mismo, por fe, doy un paso hacia el Reino del Cielo. [Mientras lo dice, dé un paso adelante.] Imagine que va de un lugar a otro con un solo paso. Una vez hecho esto, preste atención a lo que ve y oye. Es posible que se vean luces muy brillantes; se puede ver un río, una escena pastoral, un jardín - cualquier cantidad de cosas. En este momento está experimentando una muestra del Cielo. Usted notará la paz que impregna la atmósfera del Cielo. Podrán notar que el aire parece eléctrico, lleno de vida. Los testimonios que he escuchado son siempre sorprendentes y hermosos de escuchar.

Ahora, pase unos minutos en este lugar. Recuerde que Jesús dijo que para entrar al Reino, debe venir como un niño pequeño. A menudo entreno a las personas para que se imaginen como un niño de 8 años con lo que están viendo. ¿Qué haría un niño de 8 años? Él o ella sería inquisitivo y preguntaría, "¿Qué es esto? ¿Qué hace eso? ¿Adónde va eso? ¿Puedo ir aquí?" Si un niño viera un río o un lago, ¿qué querría hacer? La mayoría querría saltar al agua.

Hay una variedad infinita. ¡Los colores son asombrosos y los sonidos que escuchamos allí son tan hermosos! Podemos aprender a experimentar esto con regularidad. Cuando entramos a los lugares celestiales, en realidad entramos a nuestra casa. Usted está hecho para experimentar la hermosura del Cielo.

La razón por la que estamos aprendiendo a entrar a los lugares celestiales es porque este conocimiento es crucial para acceder a las Cortes del Cielo, ya que se hace

DESDE el Cielo. Necesitamos aprender a entrar al Cielo y hacer el trabajo desde ese lugar.

Mucha gente me dice que no pueden "ver" de forma visual en el espíritu. A menudo, desestiman la habilidad que sí tienen, la cual puede ser su "perceptor". Cada creyente tiene un "perceptor" trabajando en su interior. Este "perceptor" es el Espíritu Santo que actúa en nosotros y nos ayuda a captar información que Él nos transmite. Ya sea que lo que percibimos es algo bueno o malo, el Espíritu Santo trabaja para guiarnos más de lo que nos imaginamos. La mayoría de marinas tienen submarinos con un dispositivo conocido como sonar. El sonar le da al submarino "ojos" para ver lo que hay en sus alrededores. Pueden detectar la naturaleza del objeto por el "ping" emitido por el sonar. Pueden determinar la distancia al objeto o si se trata de otro submarino. Incluso pueden identificar qué clase de submarino se acerca. El sonar es invaluable en este escenario, y por el contrario, una cámara de video sería inútil bajo el agua.

Los militares tienen un dispositivo similar para situaciones sobre la superficie, conocido como radar. Funciona de manera muy similar. Si un piloto volara a través de una gruesa capa de nubes, necesitaría saber qué es lo que se encuentra en su camino. El radar se convierte en sus ojos.

Algunas personas funcionan visualmente. A menudo ven lo que es equivalente a fotos o imágenes de video cuando "ven" en el espíritu. Pueden ver más detalles. Alguien que opera por su "perceptor" (su radar o sonar espiritual) puede ser tan efectivo como un vidente. Si usted opera más como un sonar o un radar, no descuente lo que "ve" de esa manera. Así es como yo funciono, y he llevado a cabo este tipo de trabajo durante muchos años.

A menudo puedo detectar dónde está un ángel en la habitación (o si es uno de los hombres o mujeres vestidos de lino y no un ángel). A menudo puedo detectar cuántos están presentes y si tienen alguna cosa que deban dar a una persona. Puedo detectar cualquier cantidad de objetos, y aunque no es "visual", sigue siendo mi capacidad de "ver". Le tranquilizará saber que operar a través de su perceptor es tan válido como cualquier otro tipo de visión. Le ayudará a darse cuenta de que ha visto mucho más de lo que se imagina, y puede que sepa mucho más que algunos que sólo pueden ver.

Cortes Mencionadas

Corte de Apelaciones 33, 35, 55-57

Corte de Cancelaciones 32, 38-41, 49-51, 53, 61-62

Cortes de Sanidad 52

Corte de Títulos y Escrituras 4-5, 45, 47, 77

Corte de Misericordia .... 30, AI

Tablas de Procesos

Obstáculos para la Visión Máster	X
Acusaciones	XII
Falsos veredictos	XIV
Pactos o juramentos	XVI
Liberación de pacto de muerte	XVIII
Reclamaciones de propiedad – Gravámenes	XX
Reclamaciones de propiedad – Títulos falsos	XXII
Reclamaciones de propiedad – Notas	XXIV
Reclamaciones de propiedad – Contratos de arrendamiento	XXVI
Maldiciones	XXVIII
Iniquidad Generacional	XXX
Invasores	XXXIII
Liberación de Sala de Trofeos	XXXIV
Liberación de Regiones de Cautividad	XXXVI
Liberación del Temor	XXXVII

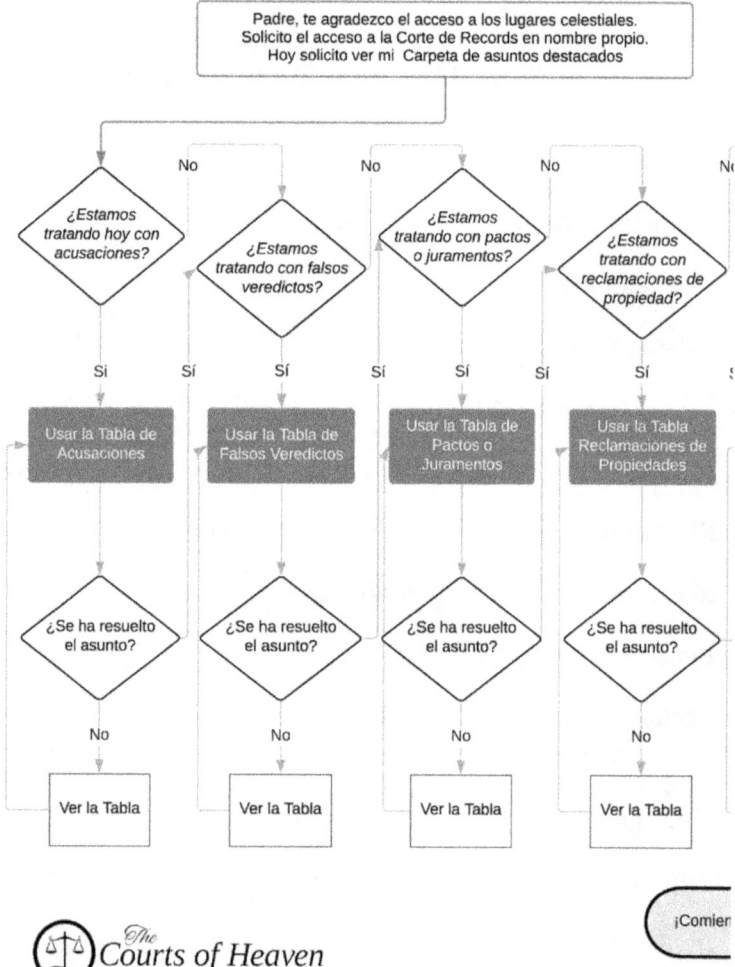

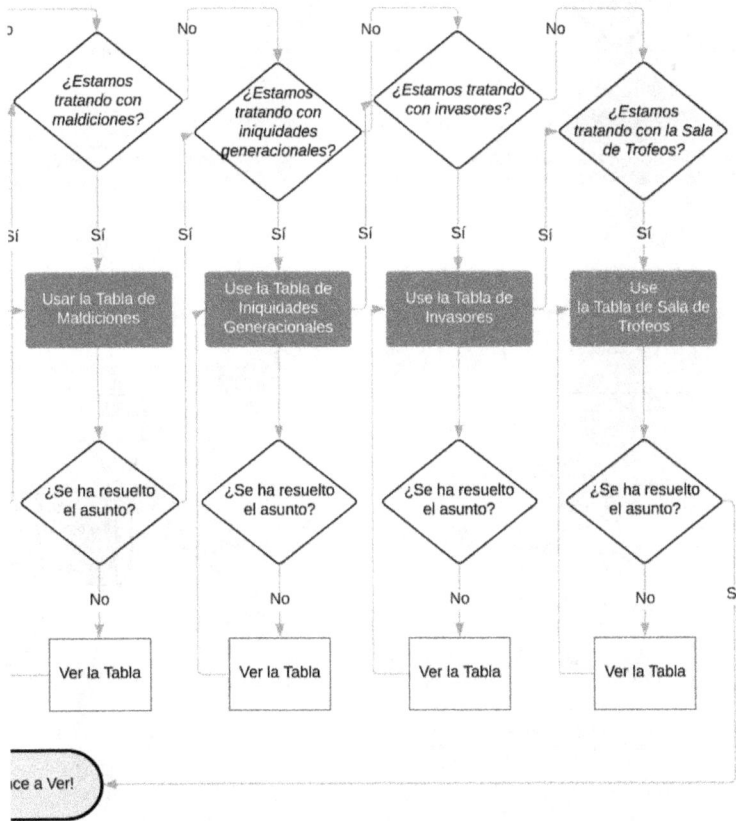

Obstáculos para la visió

Dr. Ron M. Horner - w

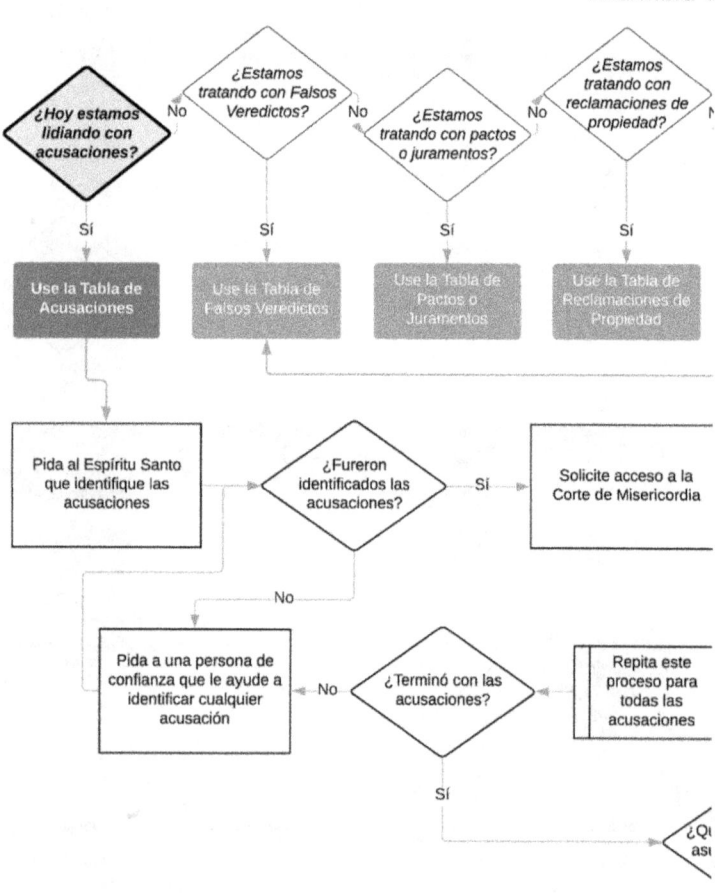

www.courtsofheaven.net

Ninguno de los procesos que se

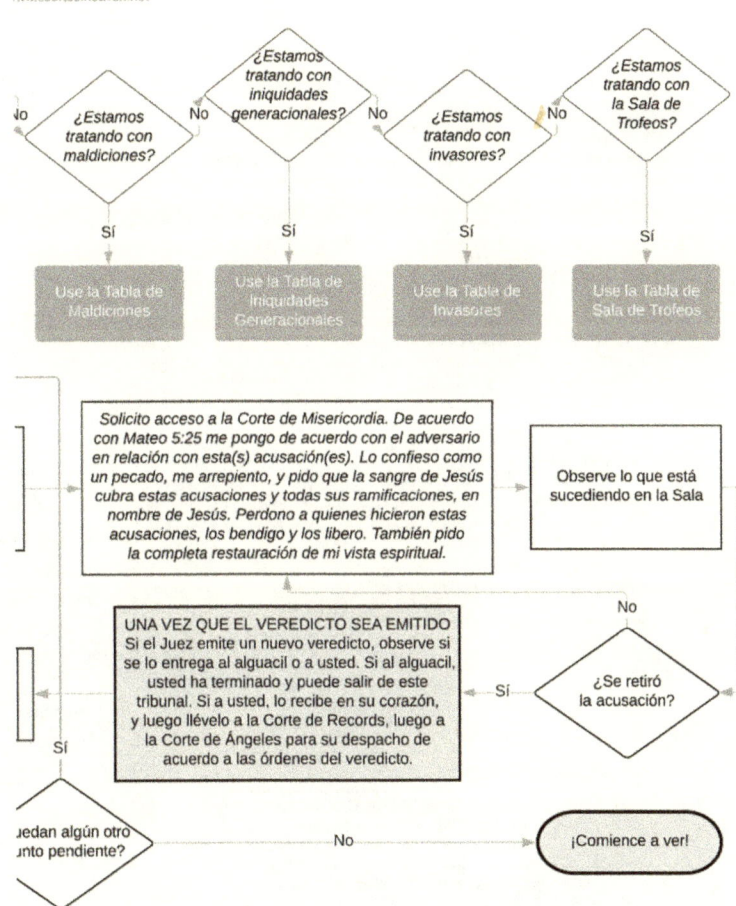

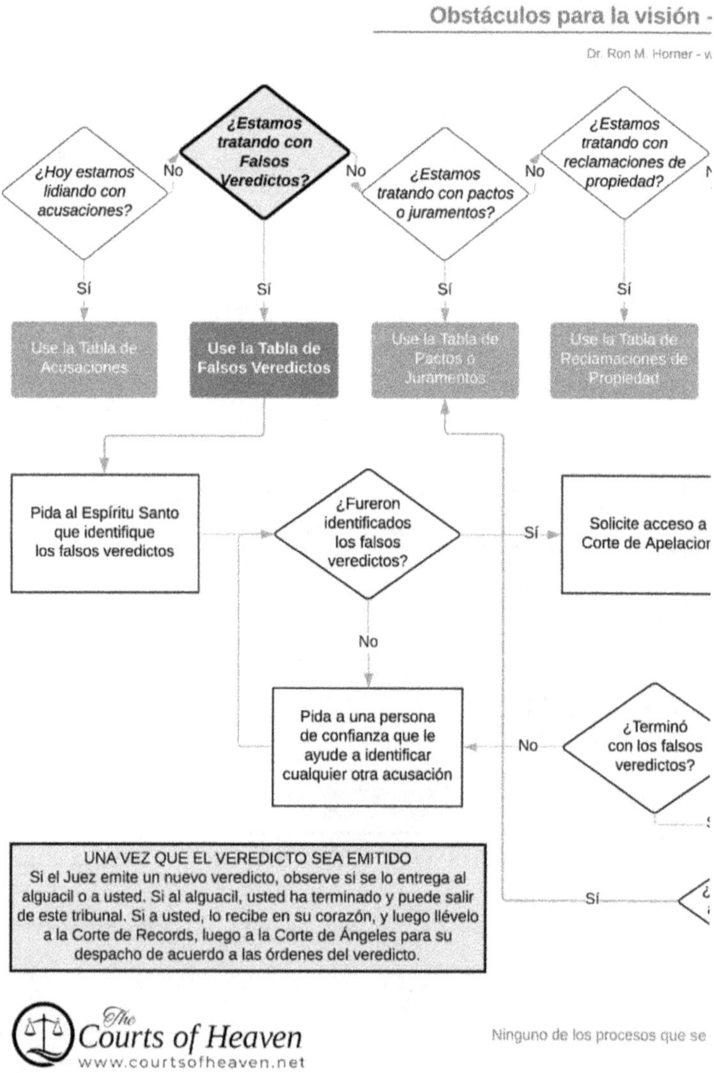

Obstáculos para la visión -

Dr. Ron M. Horner - w

```
¿Hoy estamos           ¿Estamos              ¿Estamos                 ¿Estamos
lidiando con   —No→   tratando con    —No→   tratando con pactos  —No→  tratando con
acusaciones?          Falsos                  o juramentos?            reclamaciones de
                      Veredictos?                                      propiedad?

    ↓ Sí                  ↓ Sí                   ↓ Sí                     ↓ Sí

Use la Tabla de       Use la Tabla de        Use la Tabla de          Use la Tabla de
Acusaciones           Falsos Veredictos      Pactos o                 Reclamaciones de
                                             Juramentos               Propiedad
```

Pida al Espíritu Santo que identifique los falsos veredictos

¿Fueron identificados los falsos veredictos? —Sí→ Solicite acceso a Corte de Apelacior

↓ No

Pida a una persona de confianza que le ayude a identificar cualquier otra acusación ←No— ¿Terminó con los falsos veredictos?

UNA VEZ QUE EL VEREDICTO SEA EMITIDO
Si el Juez emite un nuevo veredicto, observe si se lo entrega al alguacil o a usted. Si al alguacil, usted ha terminado y puede salir de este tribunal. Si a usted, lo recibe en su corazón, y luego llévelo a la Corte de Records, luego a la Corte de Ángeles para su despacho de acuerdo a las órdenes del veredicto.

Ninguno de los procesos que se

Tabla de falsos veredictos

www.courtsofheaven.net

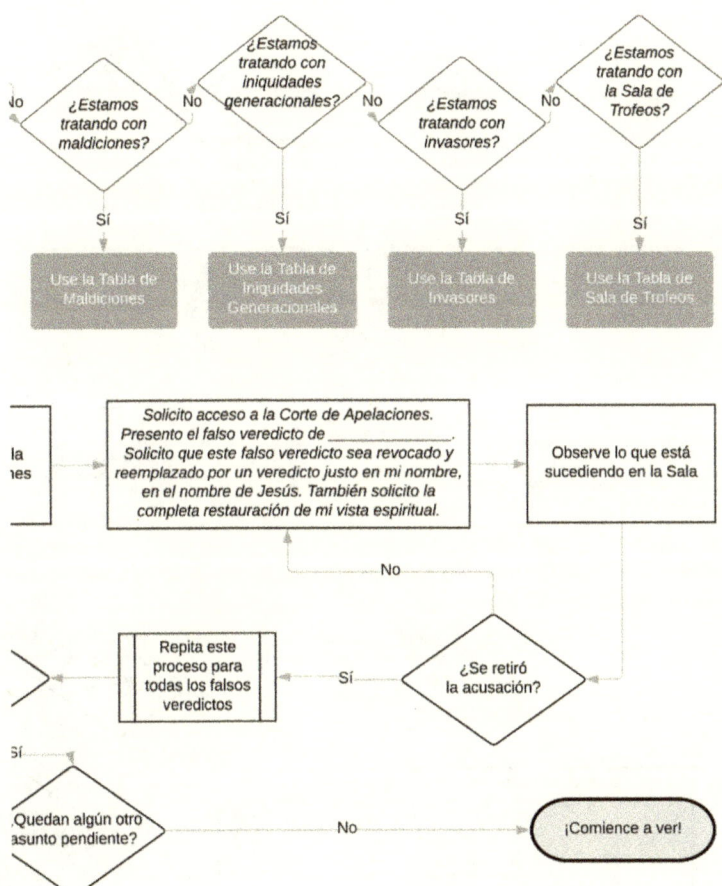

ofrecen aquí constituye un asesoramiento médico o legal. El enfoque es únicamente la dirección espiritual.

Copyright ©2019 Dr. Ron M. Horner | www.courtsofheaven.net | Use by permission

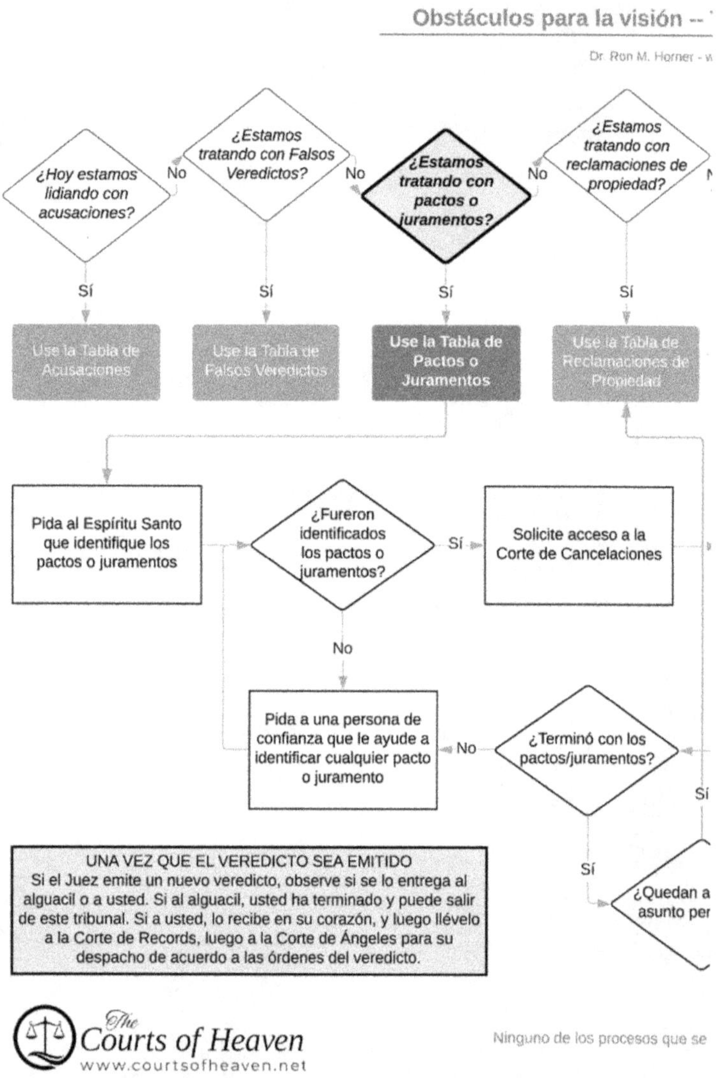

Obstáculos para la visión --

Dr. Ron M. Horner - v

```
¿Hoy estamos lidiando con acusaciones?
  │ No → ¿Estamos tratando con Falsos Veredictos?
  │         │ No → ¿Estamos tratando con pactos o juramentos?
  │         │         │ No → ¿Estamos tratando con reclamaciones de propiedad?
  │ Sí      │ Sí      │ Sí      │ Sí
  ▼         ▼         ▼         ▼
Use la     Use la    Use la    Use la
Tabla de   Tabla de  Tabla de  Tabla de
Acusaciones Falsos   Pactos o  Reclamaciones
           Veredictos Juramentos de Propiedad
```

Pida al Espíritu Santo que identifique los pactos o juramentos

¿Fureron identificados los pactos o juramentos? — Sí → Solicite acceso a la Corte de Cancelaciones

No ↓

Pida a una persona de confianza que le ayude a identificar cualquier pacto o juramento ← No — ¿Terminó con los pactos/juramentos?

Sí ↓

¿Quedan a asunto per

UNA VEZ QUE EL VEREDICTO SEA EMITIDO
Si el Juez emite un nuevo veredicto, observe si se lo entrega al alguacil o a usted. Si al alguacil, usted ha terminado y puede salir de este tribunal. Si a usted, lo recibe en su corazón, y luego llévelo a la Corte de Records, luego a la Corte de Ángeles para su despacho de acuerdo a las órdenes del veredicto.

Ninguno de los procesos que se

Tabla de pactos o juramentos

www.courtsofheaven.net

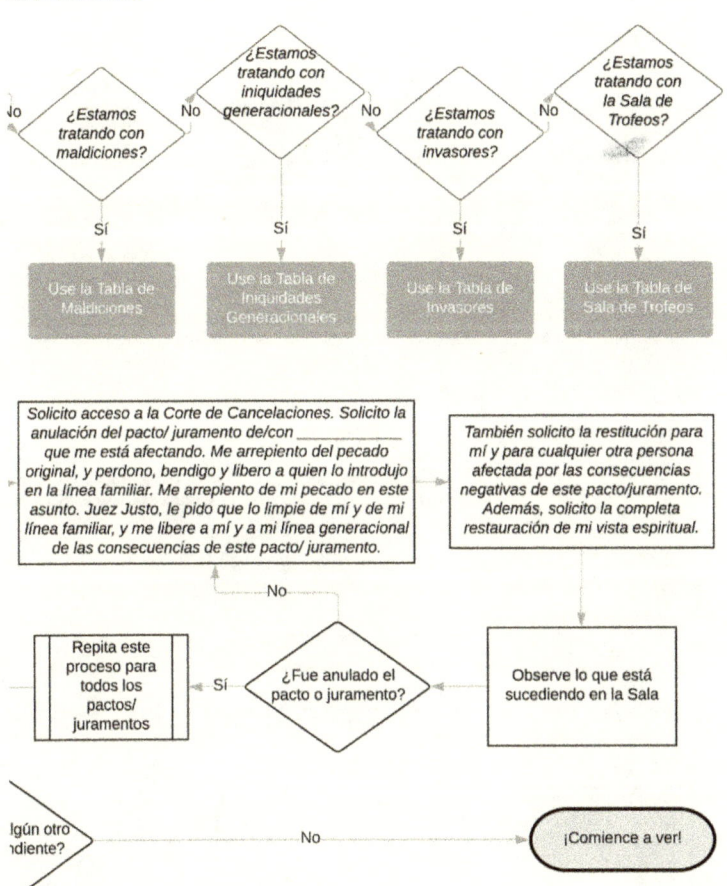

ofrecen aquí constituye un asesoramiento médico o legal. El enfoque es únicmente la dirección espiritual.

Copyright ©2019 Dr. Ron M. Horner | www.courtsofheaven.net | Use by permission

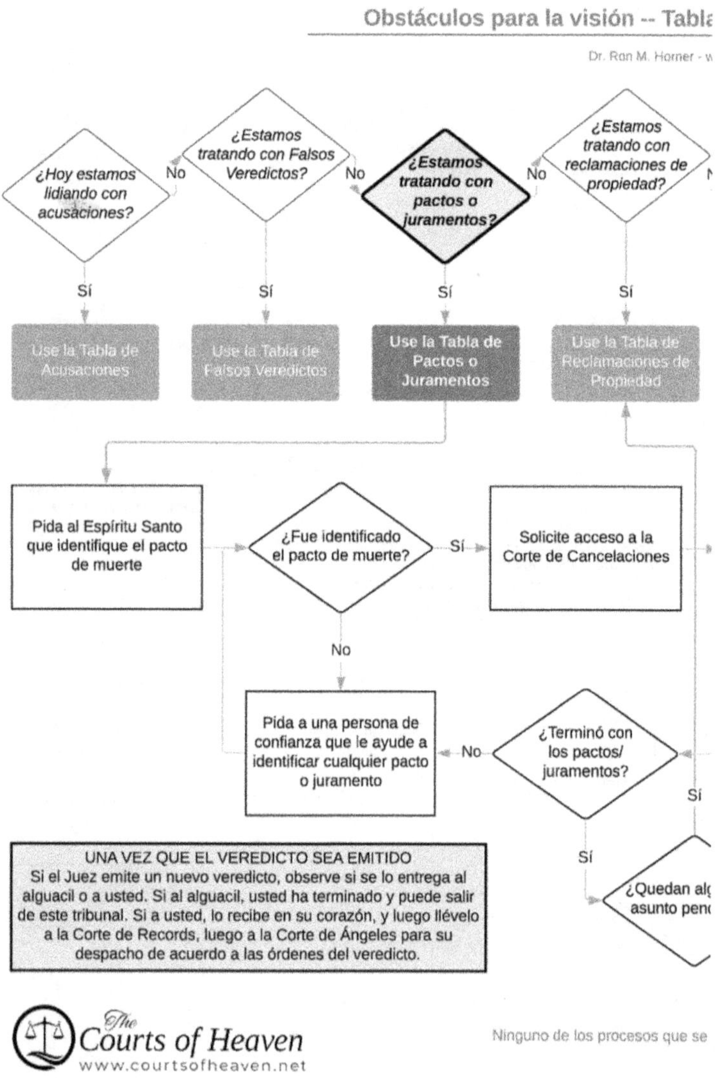

Obstáculos para la visión -- Tabla

Dr. Ron M. Horner

```
¿Hoy estamos lidiando con acusaciones?  --No-->  ¿Estamos tratando con Falsos Veredictos?  --No-->  ¿Estamos tratando con pactos o juramentos?  --No-->  ¿Estamos tratando con reclamaciones de propiedad?
        |Sí                                              |Sí                                          |Sí                                              |Sí
        v                                                v                                            v                                                v
Use la Tabla de                                Use la Tabla de                             Use la Tabla de                                  Use la Tabla de
Acusaciones                                    Falsos Veredictos                           Pactos o Juramentos                              Reclamaciones de Propiedad
```

Pida al Espíritu Santo que identifique el pacto de muerte → ¿Fue identificado el pacto de muerte? —Sí→ Solicite acceso a la Corte de Cancelaciones

No ↓

Pida a una persona de confianza que le ayude a identificar cualquier pacto o juramento ←No— ¿Terminó con los pactos/ juramentos?

Sí ↓

¿Quedan algún asunto pendiente?

UNA VEZ QUE EL VEREDICTO SEA EMITIDO
Si el Juez emite un nuevo veredicto, observe si se lo entrega al alguacil o a usted. Si al alguacil, usted ha terminado y puede salir de este tribunal. Si a usted, lo recibe en su corazón, y luego llévelo a la Corte de Records, luego a la Corte de Ángeles para su despacho de acuerdo a las órdenes del veredicto.

Ninguno de los procesos que se

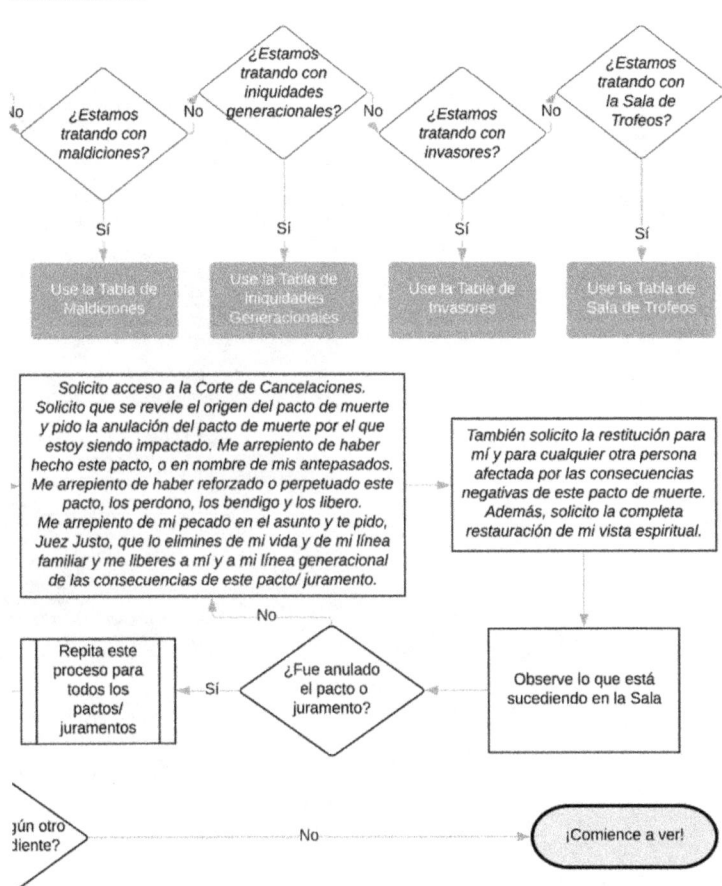

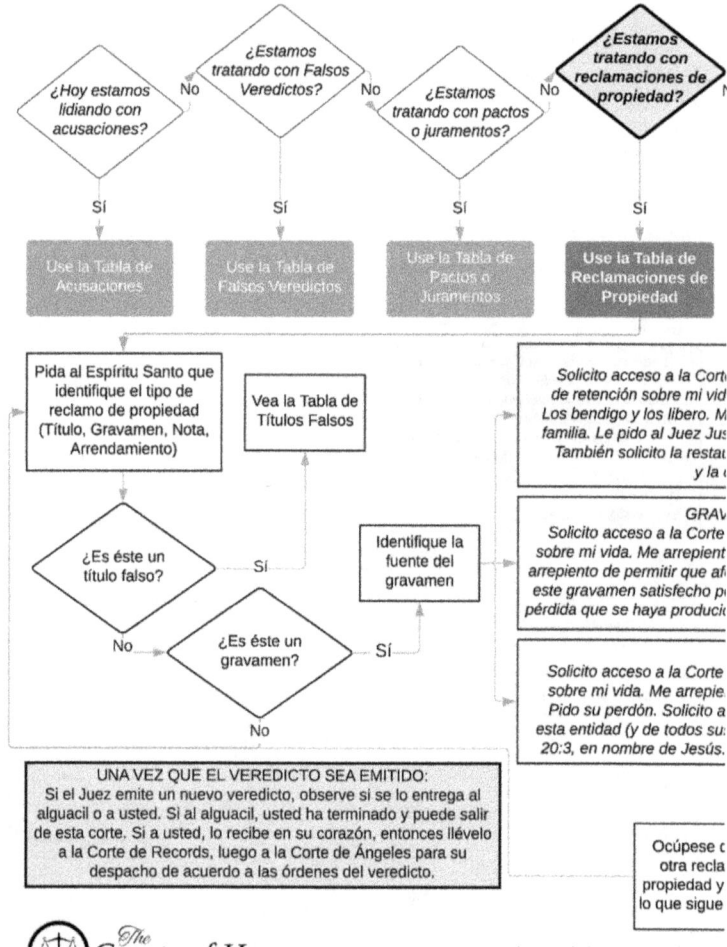

:lamaciones de propiedad -- Gravámenes

www.courtsofheaven.net

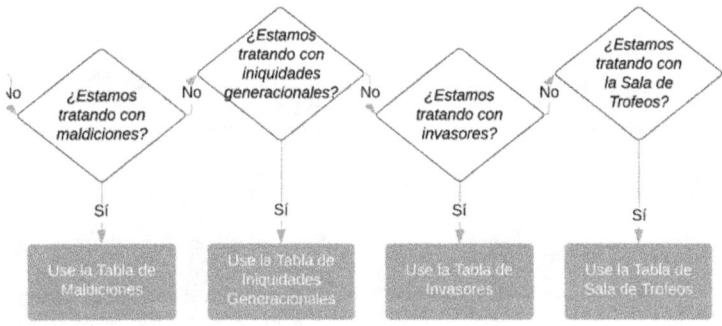

GRAVAMEN DE UNA PERSONA:
...e de Títulos y Escrituras. Solicito la satisfacción de este derecho
...a. Perdono a la persona que puso este gravamen sobre mi vida.
...e arrepiento por haberlo permitido y por su impacto sobre mí y mi
...sto que marque este gravamen satisfecho por la sangre de Jesús.
...uración de cualquier daño o pérdida que éste me haya causado,
...completa restauración de mi vista espiritual.

...AMEN POR UNA EMOCIÓN O CONDICIÓN:
...de Títulos y Escrituras. Solicito la satisfacción de este gravamen
...o de haber aceptado cualquier mentira asociada con el mismo. Me
...ecte a mi vida. Le pido al Juez Justo que me perdone y que marque
...or la sangre de Jesús. También pido la restauración de todo daño y
...o. Asimismo, solicito la completa restauración de mi vista espiritual.

GRAVAMEN POR UNA ENTIDAD
...de Títulos y Escrituras. Solicito la satisfacción de este gravamen
...nto de haber aceptado cualquier mentira asociada con el mismo.
...sistencia angelical para el desalojo inmediato y la eliminación de
...s asociados) de mi vida, y sean enviados al abismo de Apocalipsis
...Asimismo, solicito la completa restauración de mi vista espiritual.

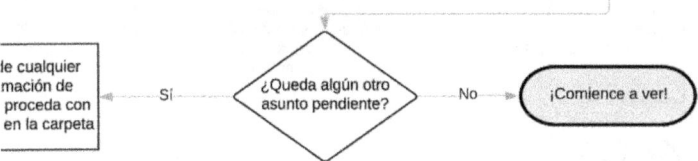

...ofrecen aquí constituye un asesoramiento médico o legal. El enfoque es únicmente la dirección espiritual.

Copyright ©2019 Dr. Ron M. Horner | www.courtsofheaven.net | Use by permission

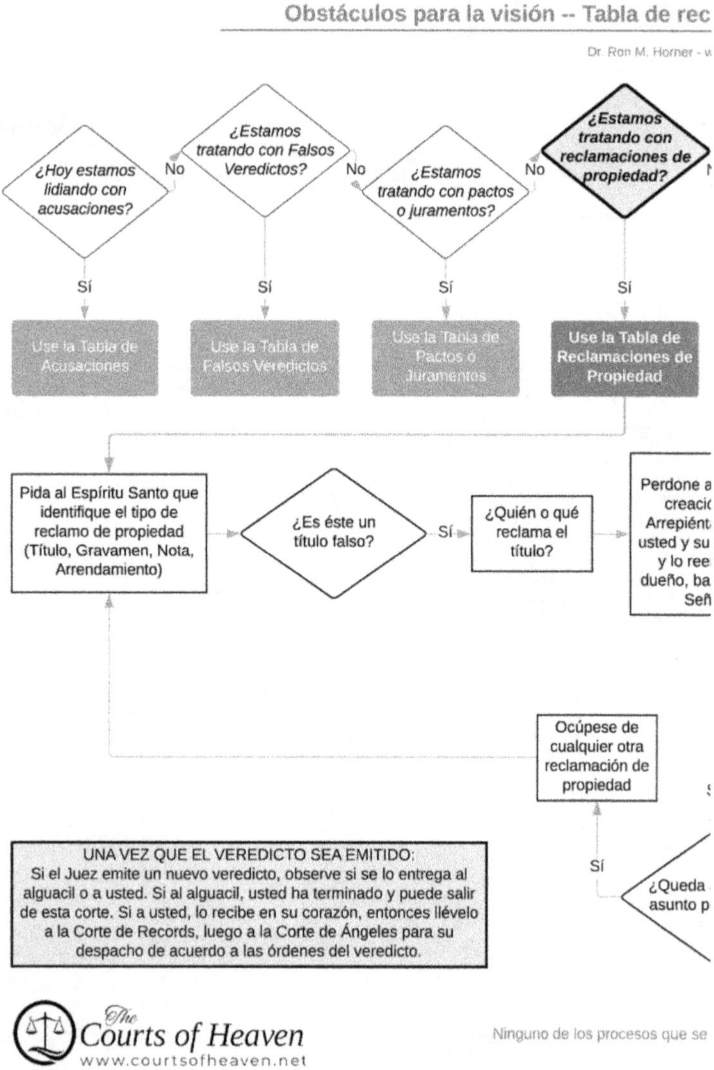

Obstáculos para la visión -- Tabla de rec

Dr. Ron M. Horner -

- ¿Hoy estamos lidiando con acusaciones? — No →
- ¿Estamos tratando con Falsos Veredictos? — No →
- ¿Estamos tratando con pactos o juramentos? — No →
- ¿Estamos tratando con reclamaciones de propiedad?

Sí ↓ Sí ↓ Sí ↓ Sí ↓

- Use la Tabla de Acusaciones
- Use la Tabla de Falsos Veredictos
- Use la Tabla de Pactos o Juramentos
- Use la Tabla de Reclamaciones de Propiedad

Pida al Espíritu Santo que identifique el tipo de reclamo de propiedad (Título, Gravamen, Nota, Arrendamiento) → ¿Es éste un título falso? — Sí → ¿Quién o qué reclama el título?

Perdone a creació Arrepiént usted y su y lo ree dueño, ba Señ

Ocúpese de cualquier otra reclamación de propiedad

Sí → ¿Queda asunto p

UNA VEZ QUE EL VEREDICTO SEA EMITIDO:
Si el Juez emite un nuevo veredicto, observe si se lo entrega al alguacil o a usted. Si al alguacil, usted ha terminado y puede salir de esta corte. Si a usted, lo recibe en su corazón, entonces llévelo a la Corte de Records, luego a la Corte de Ángeles para su despacho de acuerdo a las órdenes del veredicto.

The Courts of Heaven
www.courtsofheaven.net

Ninguno de los procesos que se

lamaciones de propiedad -- Títulos falsos

www.courtsofheaven.net

```
No ─→ ¿Estamos tratando con maldiciones? ─No→ ¿Estamos tratando con iniquidades generacionales? ─No→ ¿Estamos tratando con invasores? ─No→ ¿Estamos tratando con la Sala de Trofeos?
              │Sí                                    │Sí                                               │Sí                                  │Sí
              ▼                                     ▼                                                ▼                                   ▼
        Use la Tabla de                      Use la Tabla de                                  Use la Tabla de                     Use la Tabla de
        Maldiciones                          Iniquidades                                      Invasores                           Sala de Trofeos
                                             Generacionales
```

TÍTULOS FALSOS:
la persona, entidad o cuestión que permitió la
ón de este título falso, bendígalo y libérelo.
ase por haberlo permitido y por su impacto en
familia. Pida a Dios que destruya el título falso
mplace con otro, con el Señor Jehová como
sado en el Salmo 24:1. También solicite que el
or restaure todo lo que se haya perdido.

Solicito acceso a la Corte de Títulos y
Escrituras. Solicito que el título falso entre
_____ y yo sea destruido en mi nombre.
Solicito que tú, el Señor Jehová, seas
establecido como mi verdadero dueño basado
en el Salmo 24:1. También solicito la
restauración de mi cuerpo, y la restitución a mi
persona y a todos aquellos afectados por este
falso título. Asimismo, solicito la completa
restauración de mi vista espiritual.

¿Fue destruido el título falso? ──No──→ Observe lo que está sucediendo en la Sala

algún otro endiente? ──No──→ ¡Comience a ver!

ofrecen aquí constituye un asesoramiento médico o legal. El enfoque es únicmente la dirección espiritual.

Copyright ©2019 Dr. Ron M. Horner | www.courtsofheaven.net | Use by permission

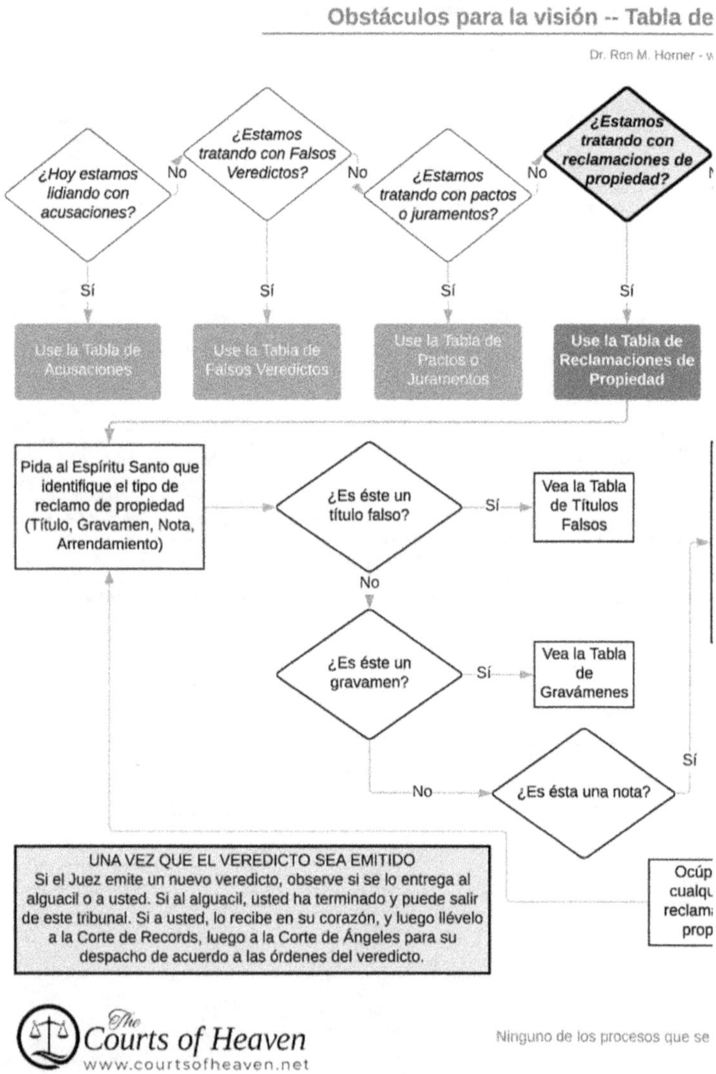

Obstáculos para la visión -- Tabla de

Dr. Ron M. Horner - v

- ¿Hoy estamos lidiando con acusaciones? — No → ¿Estamos tratando con Falsos Veredictos? — No → ¿Estamos tratando con pactos o juramentos? — No → **¿Estamos tratando con reclamaciones de propiedad?**
- Sí → Use la Tabla de Acusaciones
- Sí → Use la Tabla de Falsos Veredictos
- Sí → Use la Tabla de Pactos o Juramentos
- Sí → **Use la Tabla de Reclamaciones de Propiedad**

Pida al Espíritu Santo que identifique el tipo de reclamo de propiedad (Título, Gravamen, Nota, Arrendamiento) → ¿Es éste un título falso? — Sí → Vea la Tabla de Títulos Falsos

No ↓

¿Es éste un gravamen? — Sí → Vea la Tabla de Gravámenes

No → ¿Es ésta una nota? — Sí →

UNA VEZ QUE EL VEREDICTO SEA EMITIDO
Si el Juez emite un nuevo veredicto, observe si se lo entrega al alguacil o a usted. Si al alguacil, usted ha terminado y puede salir de este tribunal. Si a usted, lo recibe en su corazón, y luego llévelo a la Corte de Records, luego a la Corte de Ángeles para su despacho de acuerdo a las órdenes del veredicto.

Ocúp cualqu reclam prop

The Courts of Heaven
www.courtsofheaven.net

Ninguno de los procesos que se

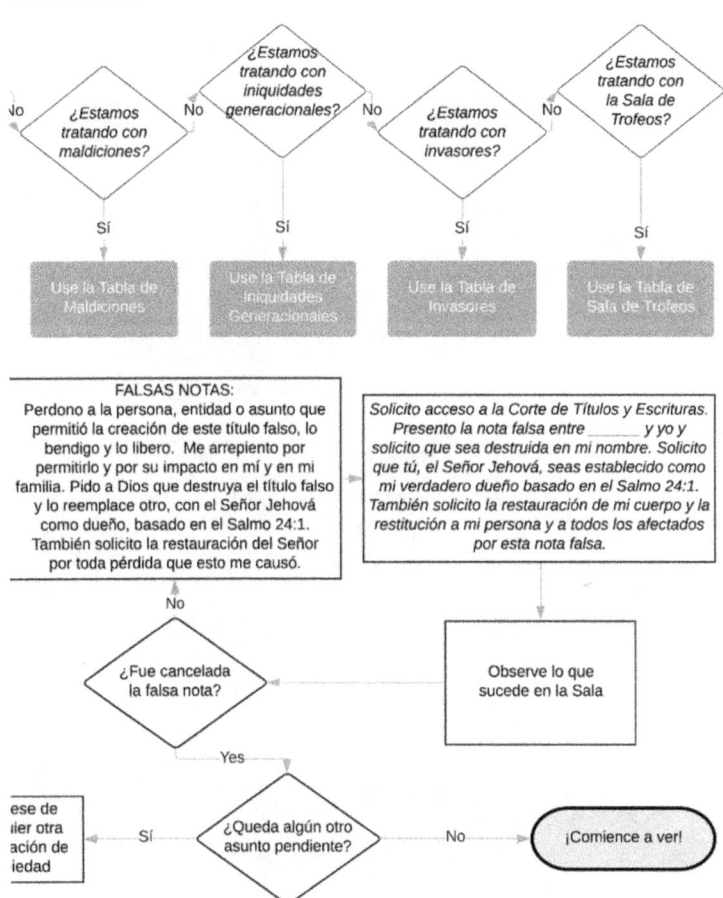

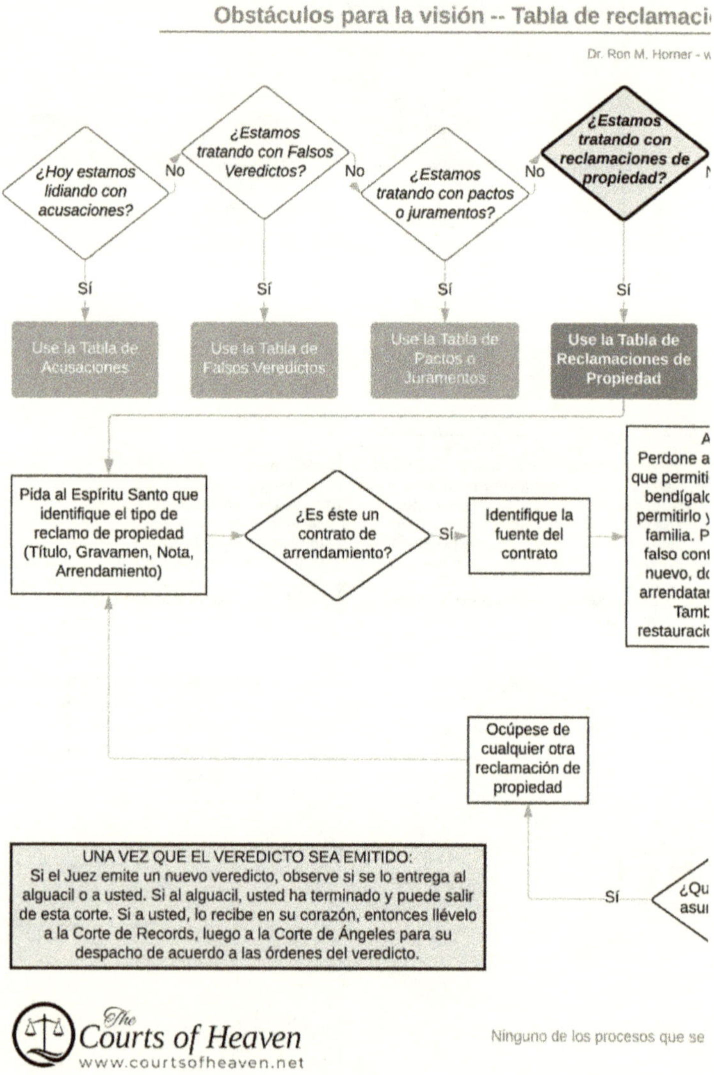

Obstáculos para la visión -- Tabla de reclamaci[ones]

Dr. Ron M. Horner - v

```
¿Hoy estamos          ─No─▶  ¿Estamos           ─No─▶  ¿Estamos          ─No─▶  ¿Estamos
lidiando con                 tratando con              tratando con pactos       tratando con
acusaciones?                 Falsos Veredictos?        o juramentos?             reclamaciones de
                                                                                 propiedad?
     │                            │                         │                         │
     Sí                           Sí                        Sí                        Sí
     ▼                            ▼                         ▼                         ▼
Use la Tabla de              Use la Tabla de           Use la Tabla de           Use la Tabla de
 Acusaciones                 Falsos Veredictos         Pactos o Juramentos       Reclamaciones de
                                                                                 Propiedad
```

Pida al Espíritu Santo que identifique el tipo de reclamo de propiedad (Título, Gravamen, Nota, Arrendamiento) ──▶ ¿Es éste un contrato de arrendamiento? ──Sí──▶ Identifique la fuente del contrato

A[...]
Perdone a[...]
que permiti[...]
bendígalo[...]
permitirlo y [...]
familia. P[...]
falso cont[...]
nuevo, d[...]
arrendatar[...]
Tamb[...]
restauració[...]

Ocúpese de cualquier otra reclamación de propiedad

UNA VEZ QUE EL VEREDICTO SEA EMITIDO:
Si el Juez emite un nuevo veredicto, observe si se lo entrega al alguacil o a usted. Si al alguacil, usted ha terminado y puede salir de esta corte. Si a usted, lo recibe en su corazón, entonces llévelo a la Corte de Records, luego a la Corte de Ángeles para su despacho de acuerdo a las órdenes del veredicto.

──Sí──▶ ¿Qu[...] asu[...]

Ninguno de los procesos que se

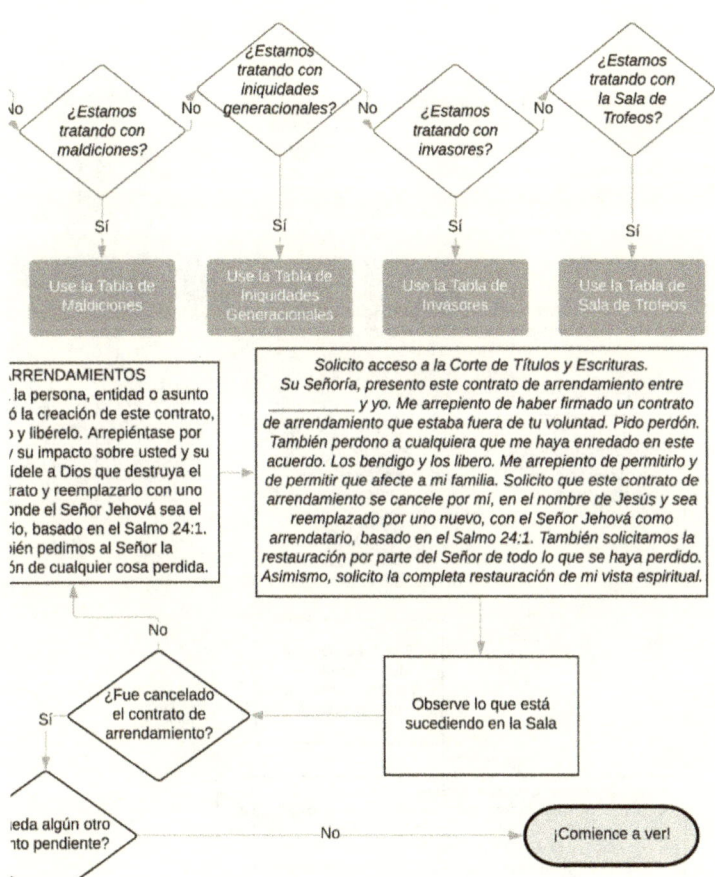

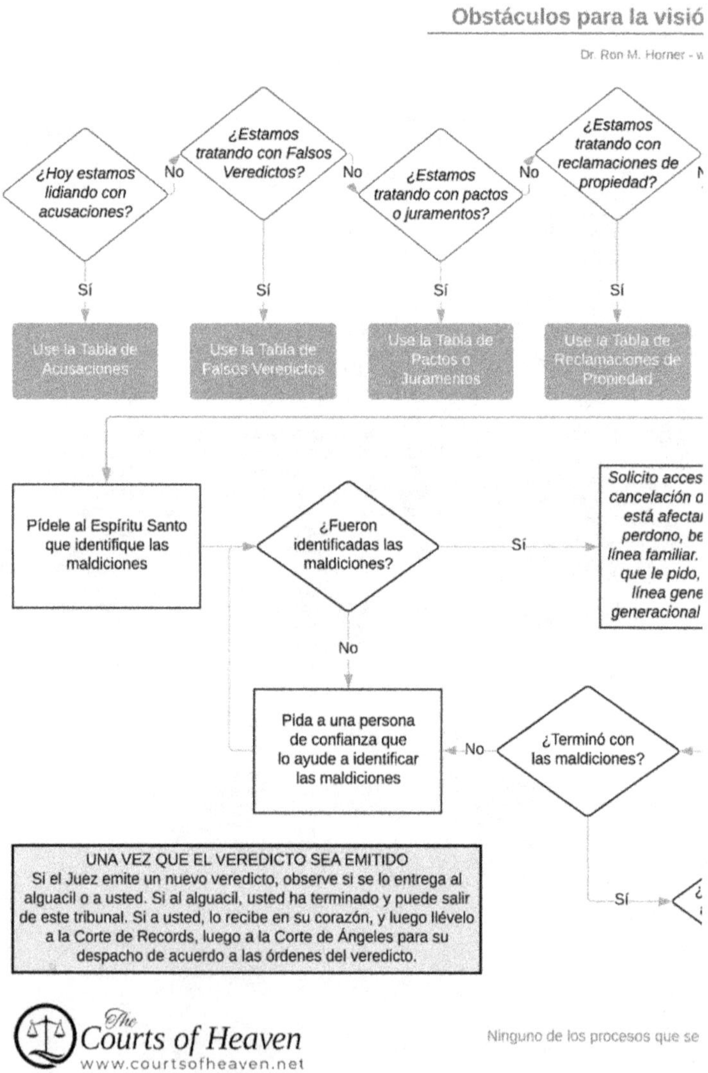

Obstáculos para la visió

Dr. Ron M. Horner - v

```
¿Hoy estamos          ¿Estamos                                  ¿Estamos
lidiando con   —No→   tratando con Falsos  —No→  ¿Estamos   —No→  tratando con
acusaciones?          Veredictos?              tratando con pactos     reclamaciones de
                                                 o juramentos?        propiedad?
     │Sí                  │Sí                        │Sí                   │Sí
     ▼                    ▼                          ▼                     ▼
Use la Tabla de      Use la Tabla de         Use la Tabla de        Use la Tabla de
 Acusaciones         Falsos Veredictos       Pactos o               Reclamaciones de
                                             Juramentos             Propiedad
```

Pídele al Espíritu Santo que identifique las maldiciones

¿Fueron identificadas las maldiciones? —Sí→ Solicito acces cancelación d está afecta perdono, be línea familiar. que le pido, línea gene generacional

No ↓

Pida a una persona de confianza que lo ayude a identificar las maldiciones ←No— ¿Terminó con las maldiciones?

UNA VEZ QUE EL VEREDICTO SEA EMITIDO
Si el Juez emite un nuevo veredicto, observe si se lo entrega al alguacil o a usted. Si al alguacil, usted ha terminado y puede salir de este tribunal. Si a usted, lo recibe en su corazón, y luego llévelo a la Corte de Records, luego a la Corte de Ángeles para su despacho de acuerdo a las órdenes del veredicto.

—Sí→

Courts of Heaven
www.courtsofheaven.net

Ninguno de los procesos que se

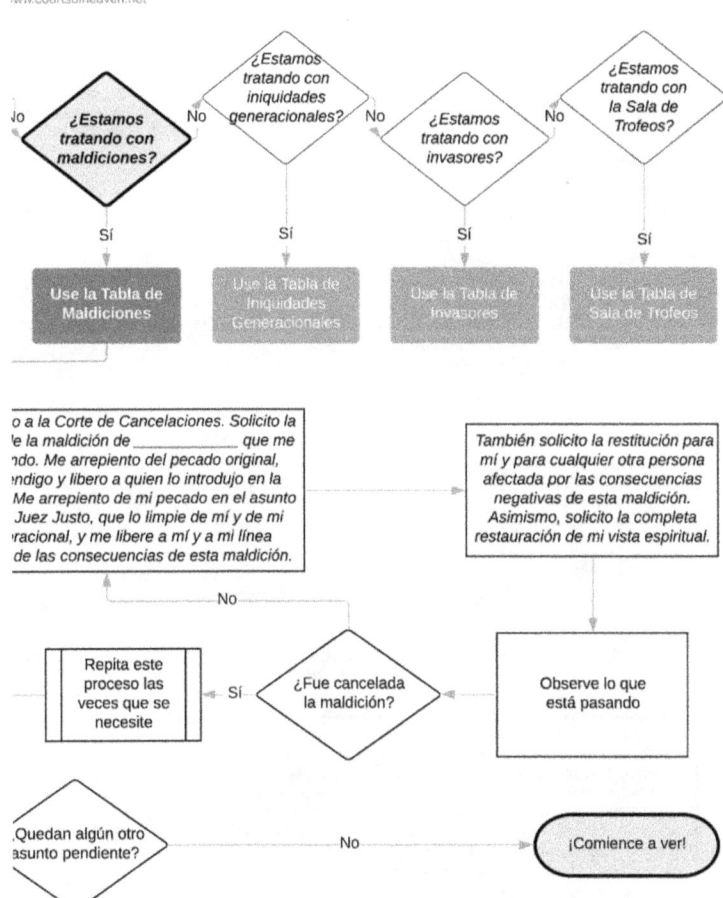

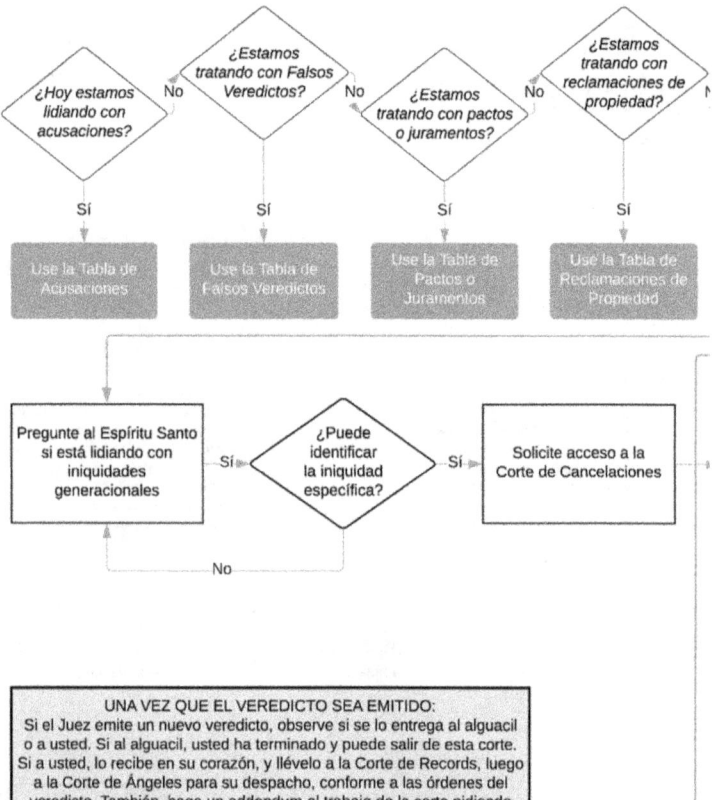

www.courtsofheaven.net

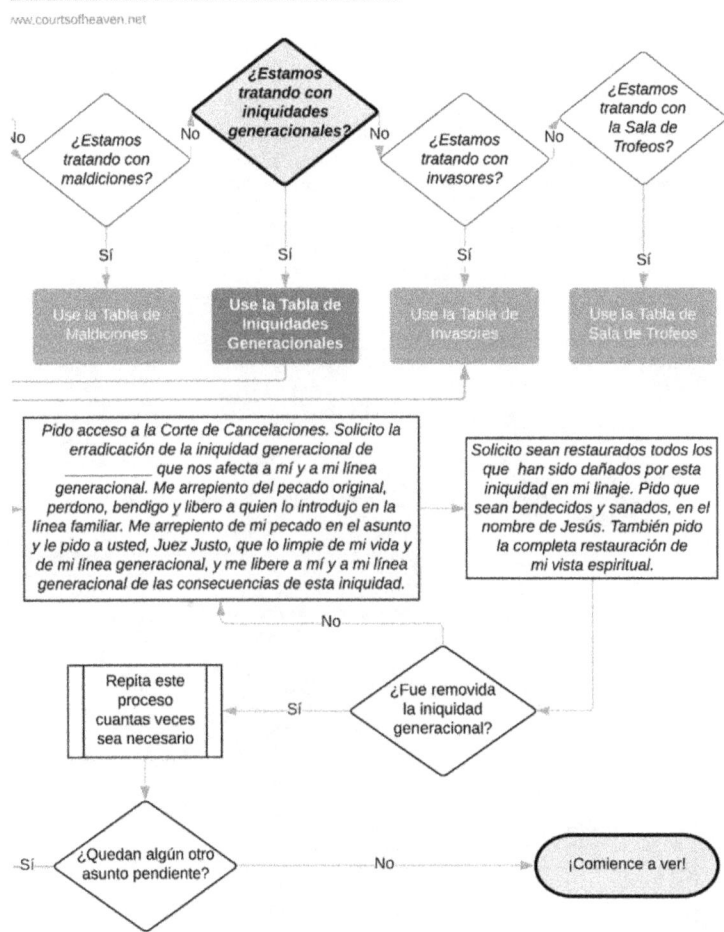

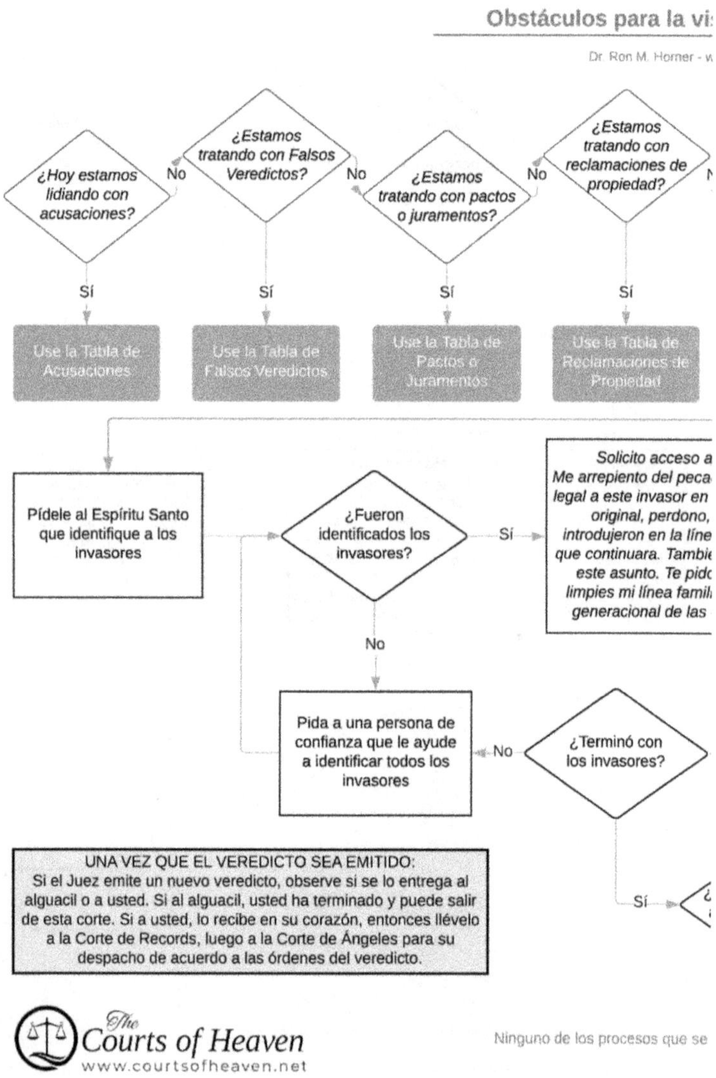

Obstáculos para la v[...]

Dr. Ron M. Horner - [...]

```
¿Hoy estamos lidiando con acusaciones? --No--> ¿Estamos tratando con Falsos Veredictos? --No--> ¿Estamos tratando con pactos o juramentos? --No--> ¿Estamos tratando con reclamaciones de propiedad? --> [...]
     |Sí                                          |Sí                                                |Sí                                                    |Sí
     v                                            v                                                  v                                                      v
Use la Tabla de                             Use la Tabla de                                    Use la Tabla de                                        Use la Tabla de
Acusaciones                                 Falsos Veredictos                                  Pactos o                                               Reclamaciones de
                                                                                               Juramentos                                             Propiedad
```

Pídele al Espíritu Santo que identifique a los invasores → ¿Fueron identificados los invasores? —Sí→

Solicito acceso a [...]
Me arrepiento del peca[...]
legal a este invasor en [...]
original, perdono, [...]
introdujeron en la líne[...]
que continuara. Tambi[...]
este asunto. Te pid[...]
limpies mi línea famili[...]
generacional de las [...]

↓ No

Pida a una persona de confianza que le ayude a identificar todos los invasores —No→ ¿Terminó con los invasores?

UNA VEZ QUE EL VEREDICTO SEA EMITIDO:
Si el Juez emite un nuevo veredicto, observe si se lo entrega al alguacil o a usted. Si al alguacil, usted ha terminado y puede salir de esta corte. Si a usted, lo recibe en su corazón, entonces llévelo a la Corte de Records, luego a la Corte de Ángeles para su despacho de acuerdo a las órdenes del veredicto.

—Sí→

The Courts of Heaven
www.courtsofheaven.net

Ninguno de los procesos que se [...]

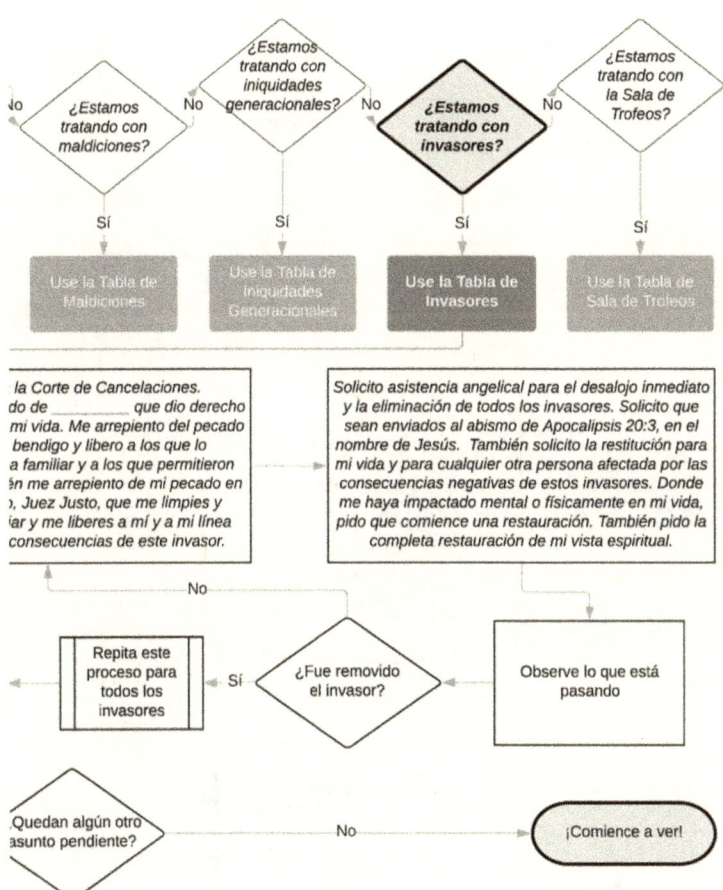

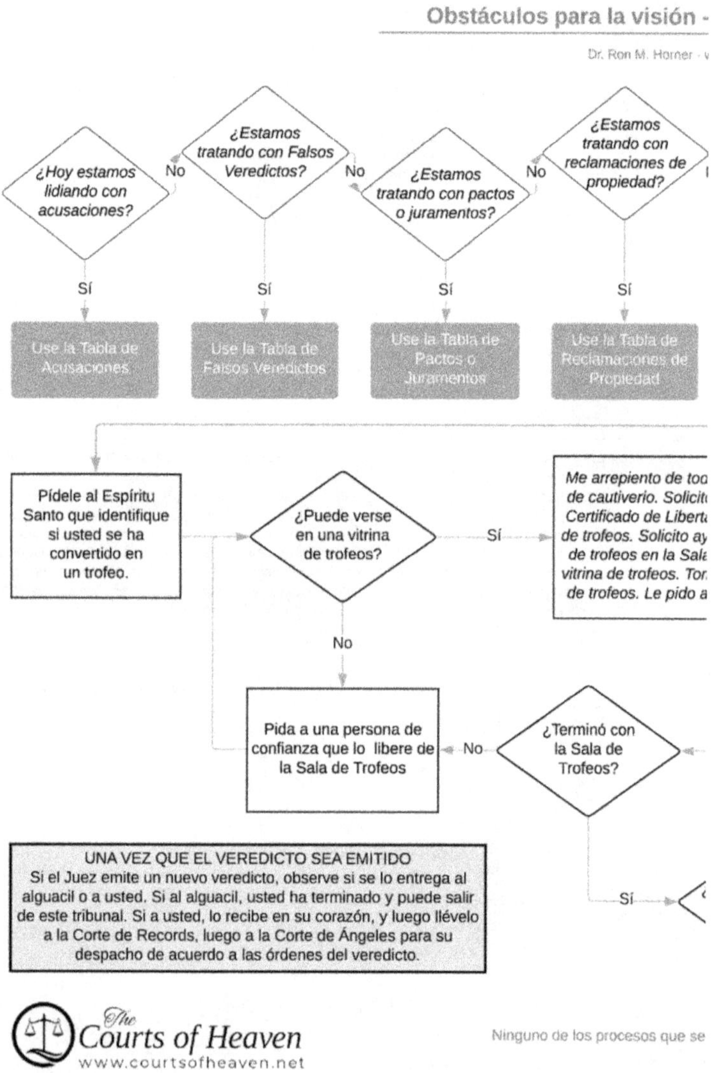

Obstáculos para la visión -

Dr. Ron M. Horner - v

```
¿Hoy estamos lidiando con acusaciones? ──No──> ¿Estamos tratando con Falsos Veredictos? ──No──> ¿Estamos tratando con pactos o juramentos? ──No──> ¿Estamos tratando con reclamaciones de propiedad?
        │                                           │                                           │                                           │
        Sí                                          Sí                                          Sí                                          Sí
        ▼                                           ▼                                           ▼                                           ▼
  Use la Tabla de                            Use la Tabla de                            Use la Tabla de                            Use la Tabla de
   Acusaciones                              Falsos Veredictos                           Pactos o                                  Reclamaciones de
                                                                                        Juramentos                                  Propiedad
```

Pídele al Espíritu Santo que identifique si usted se ha convertido en un trofeo.

¿Puede verse en una vitrina de trofeos? ──Sí──> Me arrepiento de to... de cautiverio. Solicit... Certificado de Libert... de trofeos. Solicito ay... de trofeos en la Sal... vitrina de trofeos. Tor... de trofeos. Le pido a...

No
▼

Pida a una persona de confianza que lo libere de la Sala de Trofeos ──No──> ¿Terminó con la Sala de Trofeos?

UNA VEZ QUE EL VEREDICTO SEA EMITIDO
Si el Juez emite un nuevo veredicto, observe si se lo entrega al alguacil o a usted. Si al alguacil, usted ha terminado y puede salir de este tribunal. Si a usted, lo recibe en su corazón, y luego llévelo a la Corte de Records, luego a la Corte de Ángeles para su despacho de acuerdo a las órdenes del veredicto.

Sí

The Courts of Heaven
www.courtsofheaven.net

Ninguno de los procesos que se

- Tabla de la sala de trofeos

www.courtsofheaven.net

```
No ─ ¿Estamos tratando con maldiciones? ─ No ─ ¿Estamos tratando con iniquidades generacionales? ─ No ─ ¿Estamos tratando con invasores? ─ No ─ ¿Estamos tratando con la Sala de Trofeos?
                │                                       │                                                   │                                        │
                Sí                                      Sí                                                  Sí                                       Sí
                ↓                                       ↓                                                   ↓                                        ↓
       Use la Tabla de                         Use la Tabla de                                    Use la Tabla de                          Use la Tabla de
         Maldiciones                        Iniquidades Generacionales                              Invasores                              Sala de Trofeos
```

[Texto recortado] lo que he hecho que me colocó en este lugar [...] acceso a la Corte de Apelaciones y solicito un [...]ad. Recibo el Certificado y la llave para la vitrina [...]uda angelical para sacar a _____ de la vitrina [...] de Trofeos del Infierno. Tomo la llave y abro la [...]no a _____ de la mano y lo saco de la vitrina [...] ángel que derribe esa vitrina de trofeos ahora.

Lo retiro de la Sala de Trofeos y lo establezco en Lugares Celestiales ahora, en el nombre de Jesús. También solicito la completa restauración de su vista espiritual.

↑ ── No ──

Repita este proceso las veces que se necesite ── Sí ── ¿Salió la persona de la vitrina de trofeos y fue restaurado su corazón? ── Observe lo que está pasando

¿Quedan algún otro asunto pendiente? ── No ──> ¡Comience a ver!

ofrecen aquí constituye un asesoramiento médico o legal. El enfoque es únicmente la dirección espiritual.

Copyright ©2019 Dr. Ron M. Horner | www.courtsofheaven.net | Use by permission

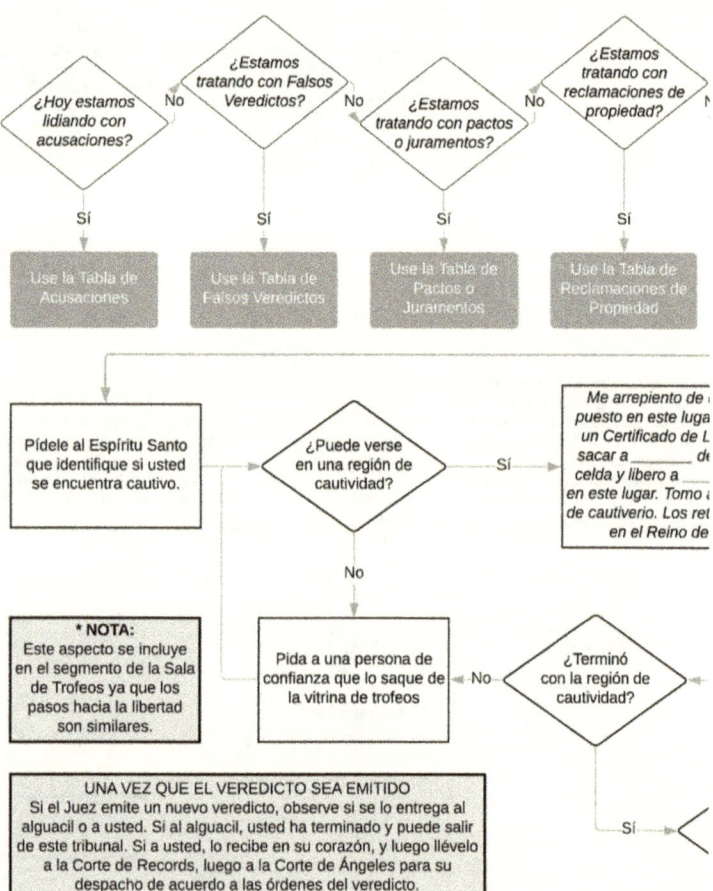

www.courtsofheaven.net

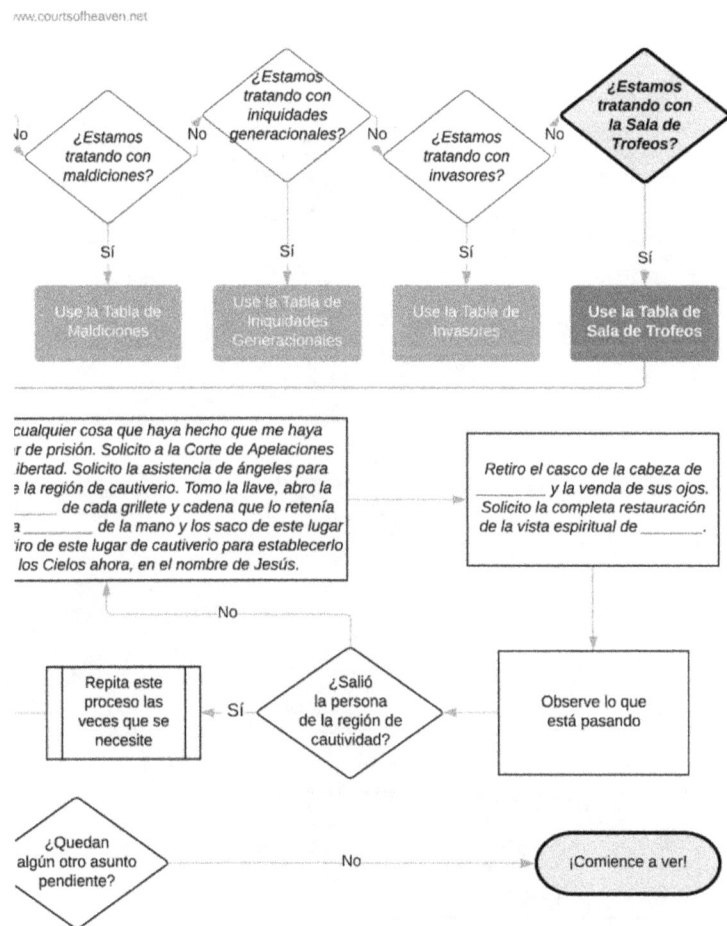

Obstáculos para la visió

Dr. Ron M. Horner - w

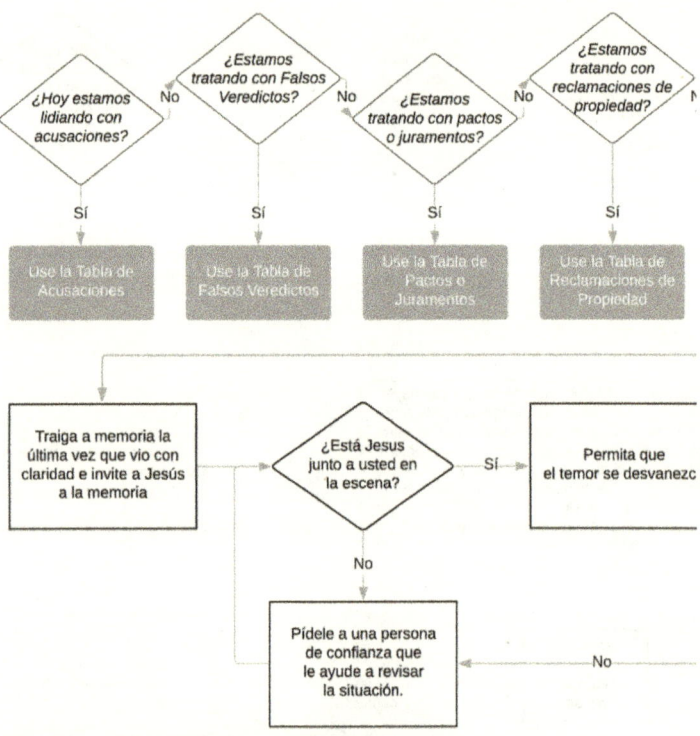

UNA VEZ QUE EL VEREDICTO SEA EMITIDO:
Si el Juez emite un nuevo veredicto, observe si se lo entrega al alguacil o a usted. Si al alguacil, usted ha terminado y puede salir de esta corte. Si a usted, lo recibe en su corazón, entonces llévelo a la Corte de Records, luego a la Corte de Ángeles para su despacho de acuerdo a las órdenes del veredicto.

The Courts of Heaven
www.courtsofheaven.net

Ninguno de los procesos que se

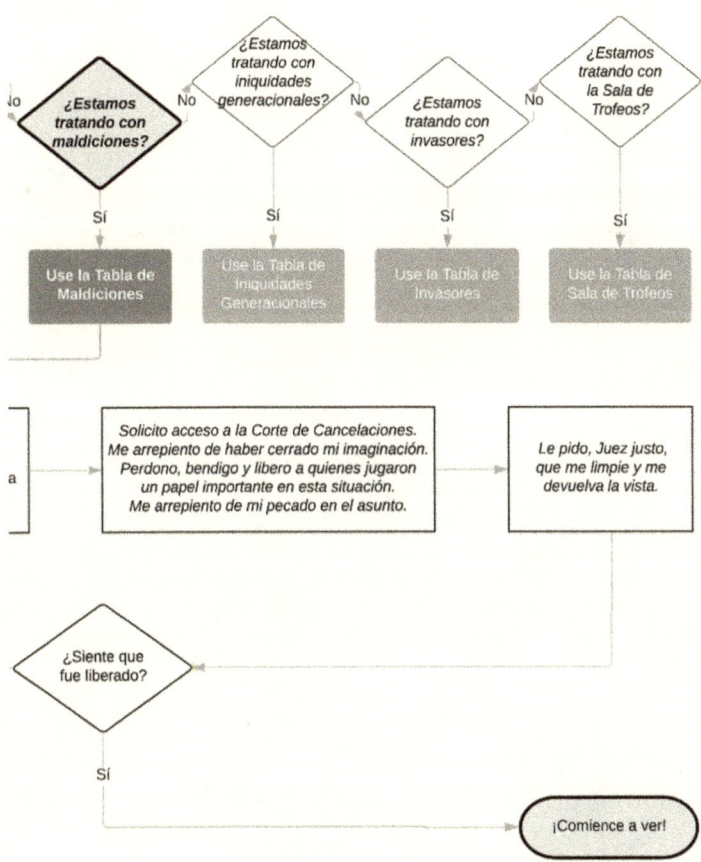

XL

Obras citadas

American Heritage Dictionary of the English Language, Fifth Edition. (2016). Houghton Mifflin Harcourt Publishing Company.

Moffatt, J. A. (1994). *The Bible: James Moffatt Translation.* Grand Rapids: Kregel Publications.

Strong, J. (1890). *The xhaustive Concordance of the Bible.* Cincinnati: Jennings & Graham.

Tolman, K. (2017). *Moved with Compassion.* Portland: Restoration Gateway Ministries.

Unknown. (2019, January 5). *Freedictionary.com/banz.* Obtenido de Freedictionary.com: https://www.thefreedictionary.com/Bann

Virkler, D. M. (Director). (2018). *Hearing God Through Your Dreams - Session 1 - Bridges to the Supernatural, Charity Kayembe* [Motion Picture].

Descripción

Liberando su visión espiritual

¿Tiene problemas para ver dentro del reino celestial? Si es así, tengo algunas soluciones para usted. En la labor que hemos hecho en las Cortes del Cielo, descubrimos algunas claves para desbloquear sus habilidades de visión espiritual. Hemos obtenido excelentes resultados con las llaves que enseñamos. No tiene que seguir con ceguera espiritual, ni con la incapacidad de ver de manera clara y concisa. ¡Estas llaves le ayudarán hoy a desbloquear su visión espiritual!

Acerca del Autor

El Dr. Ron Horner es un profesor apostólico que se especializa en las Cortes Celestiales. Él ha escrito más veinte libros sobre las Cortes Celestiales, y sobre cómo acceder al Cielo para proceder con él. Títulos como: *Cómo Anular los Falsos Veredictos de la Masonería, Liberando Bonos en las Cortes Celestiales, Cómo Proceder en la Corte Celestial de Misericordia, y Entrando a las Cortes de la Sanidad y a los Jardines de la Sanidad.*

Él está casado y es padre de tres hijas, y abuelo de dos hermosos nietos. Reside en Carolina del Norte, parte central, con su esposa, Adina y su hija menor, Darian. Actualmente entrena a personas para operar en las Cortes Celestiales por medio de una sesión de enseñanza semanal en línea. Puede registrarse para participar y descubrir más acerca del paradigma de la oración desde las Cortes Celestiales en sus websites (sitios de red):

www.courtsofheaven.net
www.courtsofheavenwebinar.com

XLVI

Otros libros escritos por el Dr. Ron M. Horner

Construya su Negocio desde el Cielo

Construya su Negocio desde el Cielo 2.0

Cooperando con la gloria

Cómo trabajar con ángeles en los ámbitos del Cielo

Como proceder en la Corte Celestial de Misericordia

Las cuatro llaves para anular las acusaciones

Cómo proceder en las Cortes del Cielo

Cómo proceder con el Centro de Asistencia de las Cortes del Cielo

Cómo proceder en la Corte de Propiedades y Orden

Cómo proceder en la Corte de Sanidad y en el Jardín de Sanidad

Cómo interactuar con el Cielo para obtener revelación – Volumen 1

Cómo proceder en las Cortes para su ciudad (*tapa blanda, guía del líder y libro de trabajo*)

Reciba libertad del Mitraísmo

Liberando Bonos de las Cortes del Cielo

Tablas de Proceso de las Cortes del Cielo

Cómo Anular los veredictos de las Cortes del Infierno

Cómo Anular los falsos veredictos de la Masonería

Libere su visión espiritual

Cooperando con la Gloria de Dios

Espíritus Humanos Deambulantes

¡Hagamos las cosas bien!: Reconsiderando la forma de ver el cuerpo de Cristo

XLIX

L

LI

LIII

LV

LVI

www.ingramcontent.com/pod-product-compliance
Lightning Source LLC
Chambersburg PA
CBHW051804040426
42446CB00007B/502